AF586055

SENSOSÍNTESIS
Un nuevo enfoque sociológico

SENSOSÍNTESIS

Un nuevo enfoque sociológico

Luis Enrique Navarro Zúñiga

Contenido

Introducción al concepto de *sensosíntesis*

La realidad social no puede ser comprendida si se omite el hecho de que el ser humano es un ser sensible, toda vez que sus conductas, pensamientos, juicios morales y creaciones no son sino medios utilizados por él para disminuir o eliminar las sensaciones materiales y objetivas de dolor o malestar físico que en determinados momentos y bajo determinadas circunstancias experimenta su cuerpo.

En ese sentido, al ser las sensaciones que experimenta el hombre la constante reguladora de su conducta y pensamiento, tanto el comportamiento de los individuos como el de los grupos humanos deben ser considerados como una consecuencia de tales sensaciones, y es precisamente a ello a lo que se refiere el término *sensosíntesis*, pues mediante él estamos afirmando que todo lo humano puede ser sintetizado como una consecuencia de las sensaciones humanas.

La influencia de las sensaciones en el comportamiento humano se hace evidente en múltiples casos; por ejemplo, es el dolor o el malestar físico provocado por el hambre lo que le impulsa a alimentarse y a realizar las actividades necesarias para hacer posible su alimentación. El malestar producido por las labores extenuantes impulsa a los hombres a colaborar entre sí a fin de que dichos malestares se minimicen. Como estos, existen muchos ejemplos que evidencian el estrecho vínculo que existe entre las sensaciones y los fenómenos del hombre, incluidos su pensamiento y sus actividades, por lo que el análisis de la realidad humana debe centrarse en las sensaciones y en los modos en los que el hombre reacciona ante ellas, ya que únicamente de esta manera puede ser comprendida la realidad social a cabalidad, pues incluso el pensamiento, que pareciera ser algo completamente ajeno al análisis, es en esencia una respuesta humana ante las sensaciones, por lo que tiende a estructurarse de las maneras que aporten una mayor reducción de dolor humano, como es el caso de quien, intentando calentarse, busca organizar sus pensamientos para controlar el fuego, así como quien sufre la fatiga de caminar grandes distancias, tarde o temprano termina por llegar a la genial idea de utilizar a las bestias como medio de transporte o, incluso, la de inventar la rueda.

Por lo anterior, debe reconocerse que el factor que da marcha a todo el engranaje de lo que llamamos *realidad humana* e incluso *aventura humana* son las sensaciones, pues la conducta de los individuos, de los grupos humanos y de las naciones es básicamente una respuesta ante ellas. La historia del hombre debe ser entendida como una concatenación de intentos humanos por eliminar las afecciones que en cada momento histórico le aquejan y, dentro de este proceso, aquello a lo que llamamos *desarrollo* se deriva del hecho de que, una vez que se encuentra la manera de resolver una cierta afección humana en un momento particular de la historia, ello le es de utilidad a las futuras generaciones, las cuales ya no se ven en la necesidad de repetir los esfuerzos realizados por sus antecesores para encontrar tal solución, lo que les permite dedicar sus esfuerzos a otro tipo de tareas o desafíos, ampliándose con ello paulatinamente la cantidad de soluciones con que cuenta el hombre para eliminar sus malestares.

Hipótesis sobre el hombre insensible

Para ampliar un poco la explicación en torno de la sensosíntesis, consideremos que si existiera un ser hipotético que no fuera susceptible a las sensaciones, este permanecería irremediablemente en la inmovilidad absoluta, pues no tendría ningún sentido para él realizar algún movimiento, toda vez que, al no sentir hambre, frío o alguna otra sensación, no existiría un elemento que lo impulsara a la acción, ya que no tendría la necesidad de resolver mediante sus actos alguna sensación intolerable.

El simple acto de explorar su entorno e intentar comprenderlo resultaría inútil para este ser, pues, al no conocer el dolor ni el peligro de sufrirlo, no intentaría evitarlo, de modo tal que, al no necesitar conocer su entorno ni comprenderlo, el ser insensible sería incapaz de pensar, pues el pensamiento es esencialmente un conjunto de impresiones estructuradas para combatir las afecciones que nos aquejan. Si no fuésemos susceptibles de sentir ni de experimentar dolor, no existiría ningún parámetro con base en el cual pudiesen organizarse nuestras impresiones sobre el mundo. Además, no existirían razones para que quisiéramos ordenar nuestros pensamientos, procurar el conocimiento ni planificar nuestras vidas; incluso, no existirían razones para que un individuo quisiera, en determinado momento, ocasionar daño a otro, pues ese tipo de acciones son realizadas por el hombre cuando puede obtener de ello algún beneficio, aunque este sea únicamente el de aquietar el rencor originado por una ofensa vengándola.

Por ello, puede decirse que el elemento que impulsa al hombre a la actividad y lo saca de la inmovilidad son las sensaciones que experimenta su cuerpo. El hombre no puede ignorar estas sensaciones toda vez que se hacen presentes en cada rincón de su ser, y pueden llegar a convertirse incluso en la única certeza que el hombre tenga sobre su realidad y, por lo tanto, en la más firme orientación de sus actos.

Esa certeza permanente no solo es pensada o creída, sino sentida hasta la médula por el hombre; es la que lo motiva e impulsa a la actividad, incluso cuando esta puede llegar a ser extenuante o peligrosa, pues el hombre siempre está dispuesto a realizar algún sacrificio o a correr un riesgo si con ello puede evitar sufrimientos mayores.

Es ineludible ubicar en el centro del análisis social a las sensaciones, en primer lugar, porque son estas las que motivan al hombre al movimiento; en segundo lugar, porque son las que modulan y guían todos sus actos; de ellas se desprenden todas las pautas y los ritmos de la realidad social e individual. De modo que son las sensaciones humanas lo que hace de la realidad humana algo distinto de las realidades gobernadas completamente por las leyes simples de la física.

Las actividades humanas y todo lo que de ellas se deriva se deben a que los hombres no son seres insensibles, sino a que sus pensamientos, acciones y juicios morales están determinados por las sensaciones producidas por el hambre, el frío, las lesiones físicas, el cautiverio, la enfermedad, el estrés, el aburrimiento, el miedo… gama de sensaciones que pudieran en un momento dado ser clasificadas en agudas y tenues, pues, si bien es cierto que existen malestares sensibles intolerables, también lo es que existen malestares menores que en un momento dado pueden ser tolerados, pero que sin duda influyen en cierta medida en la manera en que nos conducimos en la vida.

Sobre las implicaciones de la sensosíntesis en la ciencia social

Considerar que los fenómenos sociales son el resultado de la actividad del hombre en su intento por eliminar los malestares sensibles que le aquejan tiene diversas implicaciones, pues mediante tal consideración los estamos despojando del misticismo que los ha envuelto a través de la historia para colocarlos dentro del mundo de lo fáctico. Evidentemente, la reacción del hombre ante el dolor es un hecho objetivo cuya existencia no está sujeta a la interpretación particular de cada observador. La reacción del cuerpo ante estímulos sensibles es un fenómeno existente en el plano material. Dicho fenómeno puede ser conocido e interpretado o desconocido y no interpretado, o incluso mal interpretado y, sin embargo, seguir existiendo.

En ese sentido, la sensosíntesis representa una base sólida para el desarrollo de la ciencia de lo social. Abordando los asuntos humanos en estos términos es posible superar el relativismo que ha gobernado la teoría social desde sus orígenes, abriéndose con ello la posibilidad de una verdadera colaboración entre los especialistas de los diversos campos de la ciencia social.

Por otra parte, debe subrayarse que la grave crisis teórica por la que atraviesa la sociología en la actualidad se deriva de considerar al hecho social como su objeto de estudio, toda vez que la asociación entre los hombres es solo una de las diversas consecuencias del intento del hombre por reducir sus afecciones, es decir, la asociación humana es solo uno de los medios que utiliza el hombre para reducir o eliminar sus afecciones sensibles.

No obstante, tal asociación no es un medio útil para la eliminación de todo tipo de afecciones sensibles; para lograr su cometido, el hombre requiere en múltiples ocasiones ir en sentido contrario a la asociación, por ejemplo, en los casos en los que los individuos, para escapar de la opresión de un determinado sistema social, comienzan a vivir en aislamiento, o en los que, para contrarrestar el estrés de las grandes ciudades, se van de vacaciones, apartándose de aquellas relaciones y vínculos que habitualmente mantienen con otros individuos.

La asociación humana es únicamente uno de los diversos medios utilizados por el hombre para eliminar algunas de sus afecciones sensibles, y no es un fenómeno invariable dentro de la realidad humana ni tampoco la fuente de la totalidad de los fenómenos del hombre. No puede considerarse la asociación humana como la clave para comprender plenamente la realidad humana, pues los fenómenos sociales en muchos casos se presentan como sucesos esporádicos o por lo menos sumamente variables; es decir, un individuo puede asociarse en un momento con determinados individuos y en otro, separarse de ellos para asociarse con otros, e incluso separarse de estos últimos para quedar en aislamiento en otro momento.

Debido a ello, la teoría sensosintética, para intentar comprender la realidad humana en sentido amplio, no señala como su objeto de estudio el hecho social, sino los fenómenos sensosintéticos, entendidos como las reacciones humanas ante estímulos sensibles, así como los fenómenos derivados de tales reacciones, por lo que quedan comprendidos dentro de la definición de *fenómeno sensosintético* tanto la reacción propiamente corpórea del ser humano ante estímulos sensibles como las consecuencias de esos hechos y esas acciones. En el presente enfoque son objeto de interés los actos realizados por el ser humano y todo aquello que se deriva de tales actividades.

Todas las cosas que el ser humano crea o genera, consciente o inconscientemente, son de interés dentro del enfoque sensosintético, al igual que los comportamientos de los individuos, entendidos como las trayectorias que siguen en el espacio y en el tiempo cada uno de los elementos integrales de su estructura corpórea en interacción con las trayectorias en el espacio y tiempo que siguen todos los elementos de su entorno.

Preceptos básicos de la teoría sensosintética

La realidad general y la interacción elemental

Una teoría sociológica que pretenda abordar a la realidad social en toda su magnitud tiene que ser capaz de analizar tanto a los seres humanos como a la realidad material con la que interactúa; debe contar dentro de su corpus teórico con una noción clara de la realidad material en la que el hombre se desenvuelve. Tal noción debe estar descrita de una manera óptima para que el sociólogo pueda trabajar con cada concepto, no basta con saber poco o mucho sobre la realidad con la que el hombre interactúa.

En sociología es necesario que los conocimientos sean herramientas útiles para comunicar los fenómenos observados, es decir, no solo requerimos conocimientos sobre lo que observamos, sino que necesitamos un lenguaje apropiado para comunicar tales observaciones. No puede haber una teoría sociológica satisfactoria si esta no tiene una base sólida; además, debe contar con las herramientas conceptuales necesarias para que el investigador pueda comunicar de manera efectiva sus observaciones.

Para evitar confusiones y tratar de hacer esta explicación lo más sencilla posible, solo se dirá ahora que, después de un largo estudio, se ha llegado a la conclusión de que para realizar un análisis sociológico amplio y satisfactorio es necesaria la observancia de los conceptos que en las páginas subsiguientes se irán describiendo. En la medida de lo posible, se tratará de explicar por qué tal o cual concepto es importante para el análisis social. En el caso de que por alguna razón no se haga la explicación respectiva seguramente el lector, sin demasiado esfuerzo, podrá intuir a qué se debe la relevancia de ese concepto en particular.

Dicho lo anterior, se comienza diciendo que la teoría sensosintética, si bien da a las sensaciones un lugar preponderante en su análisis, no olvida que el hombre se encuentra inserto en un todo material con el cual interactúa permanentemente, pues intentar aislar al hombre de sus realidades circundantes sería como mutilar su objeto antes de siquiera conocerlo. Aquí podemos observar dos preceptos básicos dentro de la teoría sensosintética: la idea de que el ser humano se encuentra inserto en un entorno compuesto tanto de otros seres humanos, como de un sinfín de elementos no humanos que igualmente interactúan con él; entonces, es importante considerar que la realidad que observamos y nos interesa no solo está integrada por un individuo ni solo por un conjunto de individuos humanos, sino por toda una gama de elementos humanos y no humanos.

Como segundo precepto importante debemos mencionar la propia idea de la interacción entre todos estos elementos, que no solo están allí, sino que interactúan y se afectan recíprocamente ocasionando transformaciones compartidas: los océanos brindan alimento al hombre, pero el hombre los contamina; también transforma los metales en herramientas; el medio físico ocasiona afectaciones en el ser humano, pero el ser humano también ocasiona transformaciones en el medio físico... Por lo anterior, en esta teoría se pone tanta atención en lo referente al entorno del hombre, y no solo en el ser humano, hecho que podría dar la impresión de que estamos excediendo los límites del ámbito sociológico, lo cual no es de ningún modo cierto, como se verá más adelante al abordar lo relativo a la delimitación del objeto de estudio de la sociología.

En esta teoría se asume necesario y fundamental considerar en todo momento del análisis la existencia de una realidad general, la cual está compuesta por todas las cosas que hay en el vasto universo, y no iniciar el análisis imaginando que nuestro objeto de estudio se encuentra separado de la realidad general, pues esto se considera un error conceptual. La realidad social existe dentro de una realidad más grande, la cual la hace posible. ¿Cómo interactuaríamos si no existiese el Sol?

De tal modo que la idea de la existencia de una realidad general resumiría lo mencionado en el párrafo anterior, y esta idea básica es de suma importancia dentro de la teoría sensosintética porque nos permite describir con mayor precisión lo que ocurre en un fenómeno social determinado, ya que esta noción ayuda a ver más allá de lo meramente evidente; ayuda a apreciar cómo los elementos no humanos afectan al ser humano y viceversa, de tal modo que cualquier teoría sociológica que carezca de esta idea elemental y considere solo los comportamientos humanos como su objeto de estudio estará condenada al fracaso; continuamente caerá en conclusiones absurdas, pues será incapaz de apreciar lo real en los fenómenos y solo verá las sombras de estos, y tratará de entender el comportamiento de esas sombras, las clasificará, les dará nombres, pero será incapaz de entender por qué se mueven, y cuando un día estas desaparezcan, verá lo inútil de sus esfuerzos; pero quizás eso le haga girar su cabeza hacia donde se encuentran los objetos reales y por fin distinga lo real de lo ilusorio.

Es posible decir que ya se ha identificado como un precepto básico de esta teoría la idea de la existencia de una realidad general que lo abarca todo y dentro de la cual existe la realidad social. Hemos identificado como otro precepto básico de la teoría sensosintética la interacción y mutua afectación entre los elementos que integran la realidad general. Resta abordar lo que pudiera considerarse un tercer precepto básico de la teoría sensosintética, esto, claro, aparte del propio concepto de sensosíntesis, que figuraría como el concepto primordial dentro de esta teoría:

La configuración de la realidad general

Este tercer concepto básico, en síntesis, es la noción de que el aspecto y la estructura que tiene la realidad general, es decir, el orden que tiene cada uno de los elementos que la integran, se deriva de la interacción entre todos sus elementos, interacción en la que cada elemento afecta a los demás y viceversa, de tal modo que esta noción es importante para la teoría sociológica. Por un lado, nos introduce en la idea de que todo fenómeno tiene consecuencias y que la realidad que podemos observar es resultado de hechos que les anteceden. Por otra parte, nos perfila hacia la noción de que la realidad tiene una estructura general en la que tanto lo humano como lo no humano están insertos.

La idea de *estructura* es esencial en el análisis sociológico por diversos motivos: los objetos que el hombre crea con sus manos o herramientas tienen una estructura y las variaciones de tal estructura nos pueden brindar información sobre la historia de tales objetos. Por otra parte, las organizaciones humanas poseen una estructura que incluso en muchos casos se refleja en el plano físico, pues comúnmente la posición de cada miembro de la organización determina el lugar físico que deben ocupar, por ejemplo, en una sala de juntas o en una oficina. Las ciudades tienen también estructuras que están íntimamente relacionadas con la estructura, por ejemplo, de los ríos que las circundan. El propio cuerpo humano tiene una estructura física y esta determina el modo en el que coexistimos.

Este concepto hace referencia a la noción de estructura, pero sobre todo a que las estructuras pueden no solo estar conformadas por seres humanos, sino que los seres humanos, sin percatarse, forman parte de estructuras compuestas por elementos no humanos, ya sean de la naturaleza o creados por el hombre. Todo en la realidad tiene estructura: el propio universo tiene —igual que una pequeña roca— una estructura específica que se transforma a cada instante en función de las cosas que acontecen dentro de él.

Los fenómenos sociales tienen estructura; el comportamiento humano se desarrolla en el espacio y en el tiempo; cada paso que da tiene un orden en el tiempo, y no puede realizar un quinto paso si antes no ha realizado el primero, segundo, tercero y cuarto, en ese orden; realiza cada paso en un momento concreto del tiempo y en un lugar concreto del espacio; su caminar es una estructura en sí misma, una estructura realizada en el tiempo. No se puede apreciar de manera directa tal estructura solo con la observación, hace falta el recuerdo del pasado de lo que se observa, de tal modo que solo se aprecia esa estructura de manera mental.

Una estructura meramente material puede observarse a simple vista: podemos observar un edificio y darnos cuenta de que está dividido en niveles. Las estructuras temporales no pueden apreciarse a simple vista: a simple vista solo vemos el presente, pero carece de sentido; en cambio, con el recuerdo de lo que aconteció antes de lo que a simple vista se observa, se percibe un orden estructurado de acontecimientos. A esto se debe la importancia de la historia como ciencia, solo mediante ella podemos observar qué es lo que ocurre incluso en este momento, pues da sentido a los acontecimientos.

En definitiva, todo tiene una estructura, ya sea meramente *material*, por ejemplo, la forma que presenta una roca ante nuestra vista, un edificio, o el cuerpo humano; una estructura *temporal* sería la historia misma, el vuelo de un pájaro. Podríamos hablar de una estructura *espacial* cuando lo relevante es el orden que tiene determinado conjunto de elementos en el espacio.

En los ejemplos sobre la configuración de la realidad se ha simplificado en exceso la cuestión, ello obedece a cuestiones prácticas, pero en su momento se solventarán algunas imprecisiones y se realizarán las aclaraciones pertinentes cuando se aborde el tema de manera más amplia; ahora se pretende solo manifestar la importancia de la noción de estructura en el análisis social y la idea de configuración de la realidad, pues en esta intervienen múltiples elementos y está en constante transformación, de modo tal que pudiese ser imposible conocer la realidad con mayúsculas y solo conocerse la configuración que esa realidad tenga al momento del análisis.

Podemos conocer un aspecto de la realidad, pero el aspecto que la realidad tenga en el momento del análisis seguramente cambiará en el futuro, como cambió en el pasado para darnos la impresión que sobre ella percibimos ahora. La labor del sociólogo debe centrarse primordialmente en conocer y comprender la estructura que tiene la realidad en el momento del análisis, pues eso pudiera ser lo único a lo que tenga acceso; pero, si es posible, indagar todo lo necesario para conocer las modificaciones que ha sufrido lo que se le presenta a la vista, a fin de comprender la secuencia causal y vislumbrar el sentido previsible de tales hechos.

Con esto no se pretende limitar la labor sociológica a la mera obtención de datos, ya en su momento reflexionaremos más ampliamente sobre la naturaleza de la labor sociológica y sobre su finalidad principal, la cual es servir de medio para resolver de manera científica las afecciones de la humanidad.

Sobre el concepto amplificado de *estratificación*

El concepto tradicional de *estratificación* ha debido ser ampliado y reevaluado toda vez que este enfoque va más allá de la simple distinción socioeconómica de los actores sociales. Para este enfoque, lo social es mucho más que la simple coexistencia de individuos con distinto rango social; al enfoque sensosintético le interesa apreciar lo que a gran escala es el fenómeno humano, es decir, su devenir histórico, sus transformaciones, los modos en los que se organizan las sociedades a niveles básicos y descubrir los principios esenciales que intervienen en los procesos que involucran a la actividad humana en general.

La idea de estratificación solo como medio de distinción vertical de las diferencias socioeconómicas de los actores sociales resulta absolutamente estrecha e inútil, pues dentro de este enfoque no solo existen seres humanos, existen también elementos no humanos que, en función de sus cualidades, determinan los fenómenos humanos, es decir, dentro del enfoque sensosintético se busca mayor precisión en la definición de los elementos estudiados.

La palabra *estrato* tiene su origen en la segmentación vertical del subsuelo como resultado de las transformaciones geológicas sucedidas con el paso del tiempo. En nuestra opinión, al ser aplicado el término a un campo que no es unidimensional sino multidimensional, como lo es lo social, está perfectamente justificado amplificar el alcance del vocablo para organizar el universo de elementos con los que es necesario trabajar en sociología.

En ese sentido, dentro del enfoque sensosintético, el concepto de *estratificación* se refiere al orden que van adquiriendo todos los elementos de la realidad como resultado de sus interacciones. Es necesario resaltar que en tal orden, aun cuando este se altera constantemente, cada elemento ocupa en todo momento una posición particular y única respecto del resto. Esta posición no es fija dados los constantes cambios en la configuración de la realidad.

Siempre es posible diferenciar cada elemento de los demás, ya sea con base en su posición espacial respecto de otros elementos, con base en su posición temporal en relación con otros elementos similares, incluso, con base en la organización de sus elementos integrales, pues cada elemento es en sí mismo una estratificación de elementos, como en el caso del hombre, que está constituido por átomos y órganos, o como los sistemas sociales, que se integran por individuos y grupos sociales en constante interacción.

La realidad, en general, es un gran conglomerado de elementos en estrecha interacción. Cada uno de esos elementos, sin importar su naturaleza, está en todo momento vinculado de una manera concreta con el resto de las cosas, ya sea temporal, especial o materialmente. En el análisis, esto representa tanto una ventaja como una desventaja: una ventaja en virtud de que ello nos permite aislar o concretizar una determinada fenomenidad de entre otras varias a fin de poder analizarla de forma adecuada; una desventaja en virtud de que lo anterior requiere una labor minuciosa si es que se quiere determinar o concretizar adecuadamente lo que se estudia.

Cualidades elementales de la realidad general

Este cuarto concepto básico de la teoría sensosintética tiene como principal finalidad comprender y describir el modo en el que interaccionan los elementos que integran los fenómenos que interesan a la sociología. Todo fenómeno es el resultado de la interacción de diversos elementos, por lo que entender tales fenomenidades equivale necesariamente a entender las interacciones de los elementos que los conforman.

Debe mencionarse en primer término que todas las cosas tienen características propias y particularidades que las distinguen de otras. Tales particularidades influyen en la manera en la que esas cosas interactúan con otras; por ejemplo, si golpeamos un vaso de vidrio con un martillo, seguramente el vaso se quebrará al instante mientras el martillo permanecerá aparentemente intacto, aunque de manera casi imperceptible el martillo también habrá sufrido algún cambio mínimo, como una pequeña rayadura por el punzante cristal que acaba de hacerse añicos: En ese simple ejemplo podemos observar que cada cosa, en virtud de sus características, puede afectar otros elementos de maneras particulares, pero también puede ser afectado por otras cosas de modos particulares, con base en las características que también las otras cosas tengan.

De esto podemos resumir que la interacción entre las cosas que conforman la realidad está determinada por lo que denominaremos *cualidades elementales de la realidad general*, que son: *potencia elemental*, *susceptibilidad elemental* y *proporciones de potencia y susceptibilidad elemental.*

Potencia elemental es la capacidad que tiene un elemento de afectar a otro de una manera determinada.

Por potencia elemental nos referimos a las características propias de un elemento que nos permiten identificar los modos en los que ese elemento particular puede afectar de una manera determinada otro elemento concreto. En el caso del martillo que mencionamos antes, podemos decir que su característica más destacada e identificable respecto de otras cosas que existen en la realidad es su dureza, por lo que en ese caso puede decirse que ese martillo tiene la potencialidad de desintegrar o deformar muchos de los elementos con los que colisione, pues por lo general la mayoría de las cosas que utilizamos son más blandas que un martillo, así como menos resistentes a los impactos. Debe recordarse que estamos simplificando al máximo la explicación para que sea lo más clara posible.

Si bien en este momento utilizamos un ejemplo propiamente físico, debe tenerse en cuenta que la potencia que un elemento tiene puede ser de diversas índoles. Si aplicamos este concepto a un caso en el que están de por medio los seres humanos, podemos considerar como potencia elemental de un elemento los recursos económicos que este posea, los cuales determinarán el modo en el que ese individuo se relaciona con su entorno; es decir, al interactuar con personas menos o más solventes. Si una persona adinerada entra en contacto con una persona de escasos recursos, lo más probable es que la relación sea determinada por el hombre rico, pues la persona necesitada requerirá someterse a la voluntad del primero para obtener un poco de los recursos que el hombre adinerado posee. Estamos hablando de una interacción normal, que puede ser de tipo laboral, pues puede darse el caso de que el hombre pobre entre en contacto con el rico de manera violenta utilizando un arma para someterlo. Este caso es distinto, ya que está de por medio la violencia física y no solo la negociación económica. En este caso, el hombre pobre se presenta como un elemento que tiene el potencial para dañar el cuerpo del hombre rico, y ya que este último se encuentra desarmado no tiene el potencial para hacer gran daño al malhechor, de tal modo que ahora será el hombre pobre quien establezca las condiciones de la interacción.

A grandes rasgos, y de manera muy burda, hemos explicado a lo que nos referimos con el concepto de *potencia elemental.* Cabe señalar que es un concepto básico dentro de esta teoría porque en el análisis sociológico es indispensable identificar el tipo de efecto que un elemento ejerce sobre otro, solo de ese modo podremos entender por qué ese otro elemento se comporta como lo hace.

Susceptibilidad elemental es la capacidad que tiene un elemento de ser afectado por otro de una forma determinada.

Así como es indispensable conocer los modos en que un elemento puede afectar a los elementos con los que interactúa, es necesario conocer o identificar los modos en los que un elemento determinado puede ser afectado por los demás, pues solo así se puede entender por qué tal elemento se comporta de un modo determinado y no de otro en un momento concreto.

La libertad absoluta del ser humano no existe como tal: siempre existen elementos que determinan el comportamiento de los individuos. Incluso si se trata de individuos aislados de un grupo humano, sus decisiones estarán determinadas por su entorno geográfico o climático, por ello siempre será necesario identificar qué factores están influyendo en tal o cual hecho.

Ahora bien, el ser humano puede ser más o menos libre. En cierta forma, puede aumentar o reducir el número y grosor de sus cadenas: un esclavo será menos libre que su amo, pero su amo no será libre del todo, pues estará sometido a otros tipos de sometimiento, aunque estos provengan exclusivamente de la propia naturaleza.

En definitiva, el concepto de *susceptibilidad elemental* no puede dejarse de lado en el análisis sociológico, pues, en ese caso, ¿qué noción puede tener el sociólogo sobre las realidades que estudia? Sin este concepto básico de que todo elemento puede ser afectado por otros de modos determinados en función de sus cualidades propias no puede haber análisis científico de la realidad social; quien se aventure a ello solo podrá contemplar lo que pasa; quizás nombrarlo y clasificarlo rudimentariamente, pero jamás comprenderlo.

Proporciones de potencia y susceptibilidad elemental se refiere a la cantidad de potencia o de susceptibilidad que tiene cada elemento concreto.

La proporción de potencia y susceptibilidad que tienen los elementos que conforman la realidad general es transcendental para el análisis sociológico. Evidentemente no nos basta con saber de qué manera un elemento puede ser afectado por otro o de qué modo un elemento puede afectar a otro, sino que es de suma importancia tener nociones del grado o la medida en que tal afectación puede producirse.

Volviendo al ejemplo del martillo, no nos basta con saber que un martillo puede ocasionar daño a un vaso de vidrio, sino que es necesario saber el grado de afectación que este puede producir en un objeto de vidrio. Ese cálculo deberá contemplar la susceptibilidad del vaso y, sobre todo, el grado de susceptibilidad que tenga al ser roto por un objeto contundente. Podemos saber que un martillo puede causar daño a un vaso de cristal, pero saber que el daño puede ser total y permanente amplía sustancialmente nuestro conocimiento sobre una interacción vaso de cristal–martillo.

En el análisis sociológico también necesitamos conocer el grado o la medida de la potencia o susceptibilidad de los elementos estudiados. Si observamos la interacción entre un hombre rico y un hombre pobre, no sería suficiente solo saber que uno es adinerado y el otro no, sino que sería preferible saber qué tan adinerado es el primero y qué tan carente de recursos es el segundo, y si el hombre pobre, además de no tener dinero, tiene deudas, para poder entender lo que entre los dos ocurra, y poder prever lo que puede ocurrir en un futuro inmediato.

Estamos simplificando al máximo las explicaciones; el análisis sociológico es más complejo, pero por ello es tan importante contar con estas herramientas conceptuales, pues solo por medio de ellas es posible concebir de manera esquemática los fenómenos analizados.

Las cualidades de los elementos que integran la realidad general no son inmutables sino que se transforman constantemente en función de su interacción con otros elementos. El vaso de vidrio del ejemplo anterior, por ejemplo, adquiere nuevas cualidades al hacerse añicos; sus fragmentos pueden ser arrastrados por el viento y dispersarse por muchos lugares distintos. En ese caso, el vaso de vidrio ha dejado de existir para dar paso a algo más, con nuevas cualidades.

Clasificación general de los elementos que conforman la realidad general

En la realidad general, existen dos tipos de elementos fundamentales: los objetos y los procesos, es decir, cualquier cosa que exista en la realidad puede ser o un ***objeto*** o un ***proceso***.

Objetos. En relación con los objetos cabe distinguir entre *objetos concretos*, *objetos concretizados* y *fragmentos elementales*.

Objetos concretos. Vendrían a ser una porción de la realidad claramente integrada y que es fácil identificar como una unidad, es decir, como una sola cosa claramente identificable y que se puede diferenciar del resto de cosas de la realidad.

Objetos concretizados. A diferencia de los primeros, este tipo de objetos son porciones de la realidad a los que es difícil considerar como una unidad claramente integrada y claramente diferenciable del resto de cosas en la realidad general, por lo que su integridad les es reconocida o asignada sobre todo de manera teórica. Un ejemplo de ello son las asociaciones humanas, las cuales en muchas ocasiones solo ostentan una cohesión jurídica, pero a simple vista la relación entre cada integrante puede ser indistinguible. Incluso, un determinado conjunto humano puede aparecer ante el observador solo como un amontonamiento de personas sin ninguna vinculación que permita considerarles de manera satisfactoria como una sola cosa, o como partes de una misma cosa.

En esos casos, si el investigador lo considera oportuno para los fines de su investigación, puede considerar ese conjunto de personas como una unidad, aunque ello solo sea para diferenciarla de otros conjuntos de personas, pudiendo designarla como conjunto a) frente a otros posibles conjuntos de personas.

En sociología, los objetos estudiados no son tan evidentes como lo son, por ejemplo, en física, pues es fácil saber que se está ante un objeto concreto cuando se observa un planeta, o una estrella; la biología también se centra en el estudio de elementos claramente definidos, por ejemplo, un árbol, un insecto, o una bacteria. En cambio, en sociología los elementos estudiados son sumamente inestables, es decir, una organización puede existir durante un tiempo y luego desintegrarse, una relación social puede ser sumamente efímera, por lo que en esta rama de la ciencia es muy importante lo relativo a la delimitación de los objetos estudiados.

Las colectividades humanas no son tan invariables como un planeta: constantemente están transformándose, y no se diga los grupos nómadas, los cuales ni siquiera tienen miembros permanentes, en función de que periódicamente los miembros van muriendo y son reemplazados por otros que pueden ser sus descendientes o gente nueva que se une al grupo; no ocupan ni siquiera un lugar estable sino que van de acá para allá.

Los objetos estudiados por la sociología tienen suficientes elementos fácticos para ser abordados como unidades, aunque esa unidad no sea tan fuerte como la de los objetos estudiados por otras disciplinas. Es precisamente la mutabilidad de los objetos sociológicos lo que brinda a la sociología una gran riqueza conceptual y metodológica.

En síntesis, dentro de la teoría sensosintética, los objetos concretos son aquella porción de la realidad general de interés sociológico, más susceptibles de ser reconocidos como una unidad o como algo integrado, pues sus características producen en los sentidos del observador una fuerte sensación de ser una misma cosa, distinta de otras. El ser humano, por ejemplo, por poseer una corporeidad claramente estructurada, es un objeto concreto; un billete también lo es, al igual quizás que una ciudad, la cual desde un avión puede claramente ser reconocida como una cosa integrada. Por otra parte, como objeto concretizado dentro de este enfoque se entenderá todo aquello que, por motivos metodológicos, deba ser considerado como una unidad aunque ello sea cuestionable.

Fragmentos elementales. Son claramente algo que no es una unidad, sino solo una porción de ella. En este tipo de elementos es fácil distinguir que no se trata sino de la porción de algo. Los fragmentos elementales carecen de sentido por sí mismos y solo lo tienen cuando se les vincula al elemento del que son parte; en ocasiones ni siquiera es posible distinguir su procedencia o a qué cosa pertenecen.

Procesos. Por proceso debe entenderse una estratificación de objetos y sucesos dentro de un marco espacio–temporal determinado.

Simplificando la cuestión al máximo, se puede decir que es el orden secuencial y progresivo de lo que ocurre a un elemento o conjunto de elementos (es decir, pueden estar involucrados tanto objetos como otros procesos) en una porción de tiempo y espacio determinado, lo que incluye las alteraciones que dicho elemento o conjunto de elementos sufran en el tiempo y espacio determinados.

Si observamos un conjunto de elementos durante un tiempo determinado, e imaginamos ese tiempo determinado como una línea recta, veremos que en cada sección de esa línea esos elementos se comportaron de maneras particulares. Todas las secciones de esa línea serán distintas entre sí porque los elementos observados se comportaron de modos distintos en cada sección temporal; incluso si esos elementos aparentemente hubieran estado inmóviles durante ese lapso de tiempo, esa quietud solo sería aparente. Dentro de ellos, a nivel subatómico, se produjeron innumerables cambios y transformaciones durante ese tiempo; además, en torno de ellos también ocurrieron transformaciones, las cuales determinaron que en cada sección de la línea temporal las condiciones de esos elementos fuesen distintas y particulares.

Solo estamos mencionando hasta ahora lo relativo al tiempo, el cual, de manera similar a las capas geológicas, se puede representar como una segmentación lineal de sucesos, donde cada segmento o estrato es particular y distinto del resto.

De manera similar a como se puede representar al tiempo como una segmentación de elementos, el espacio también se puede representar como una estratificación de elementos, solo que en este caso dicha estratificación es más compleja, pues en el caso del tiempo, la representación consistía básicamente en una línea recta dividida en partes que representarían un momento particular en una determinada historia; sin embargo, el espacio se extiende en varias direcciones: hacia abajo, hacia arriba, hacia la izquierda, hacia la derecha. En ese caso nos encontraríamos ante una estratificación tridimensional que lo abarcaría todo, y dentro de esa gran estratificación de elementos, cada elemento ocuparía siempre un lugar concreto con respecto a otros, por lo que cada proceso sería único e irrepetible si consideramos que no solo ocurre en un lugar concreto, sino también en un momento concreto del tiempo.

Cuando a un objeto determinado se le concibe en movimiento y en interacción con otros, se suele hablar de *comportamiento*, del comportamiento de un objeto determinado. El comportamiento de un objeto determinado es en sí un proceso amplio de circunstancias en donde se pone generalmente atención en un objeto focal y en un conjunto limitado de elementos mediante los cuales se pretende sintetizar lo que ocurre en una determinada área fenoménica.

Cuando se habla del comportamiento de algo, generalmente solo se toman en cuenta unos pocos elementos y se deja de considerar al resto de elementos participantes, como el mismo tiempo, el espacio en donde eso tuvo lugar, las condiciones externas al proceso, las condiciones internas. De tal modo, puede decirse que el comportamiento de algo concreto es en realidad una ilusión, una simplificación conceptual de todos los fenómenos que participan en un hecho para centrar todo en algo más simple.

Por *comportamiento* generalmente se hace referencia a la trayectoria seguida por un determinado objeto en el espacio, aunado a los ritmos y pautas que ocurran en el mismo, aunque puede referirse también a las variaciones de las cualidades esenciales de los objetos.

En el caso de los procesos, es conveniente distinguir entre procesos concretos, concretizados y fragmentos de procesos, con base en los lineamientos del apartado anterior correspondiente a los objetos. Es preciso señalar también como rasgo básico de un proceso la vinculación causa y efecto.

Todo cuanto existe en la realidad puede ser o un objeto o un proceso, siendo en realidad ambas cosas algo íntimamente relacionado, como dos caras de la misma moneda. En ocasiones un objeto se convierte en un proceso y viceversa, la diferencia entre ambas cosas vendría a ser que se considera objeto aquella porción de la realidad que aparenta permanecer sin alteraciones considerables durante un periodo prolongado, mientras que un proceso es algo que experimenta un cambio continuo, y que, además, involucra diversos elementos en igual transformación.

Clasificación de los objetos y procesos que integran la realidad general

El concepto de *comportamiento* o de comportamiento de tal o cual cosa es de hecho una simplificación conceptual de algo más complejo. Todo comportamiento es fruto de múltiples factores y de la interacción de diversos elementos, así como de las cualidades elementales que estos tengan, mismas que hacen posible el hecho observado. Mediante el concepto de comportamiento se busca poner atención solo en uno de los múltiples elementos intervinientes, y llegar a una conclusión sobre lo que ocurrió con ese elemento focal durante un tiempo y un lugar específicos. Cuando tratamos de determinar el comportamiento de algo, lo que hacemos generalmente es simplificar la vastedad de hechos y circunstancias concretizando lo observado.

Así, el comportamiento de un perro ya no será el resultado de las funciones sistemáticas que lo integran, ni el resultado de su estructura anatómica con el clima y demás condiciones del entorno, ni una manifestación de su estado de ánimo o estado momentáneo de salud, sino solo lo que un perro hace durante un tiempo determinado, dejando de lado los detalles y pormenores que hacen que eso sea posible.

Aun así, el concepto de *comportamiento* es de suma utilidad para obtener a grandes rasgos información útil sobre las cosas que integran la realidad, y hacer distinciones entre tales cosas.

Con base en sus cualidades esenciales, los objetos que integran la realidad general pueden clasificarse en: *inerciales, inerciales–biológicos, inerciales–biológicos–sensorreactivos e inerciales–biológicos–sensorreactivos–racionales.*

Inerciales. Son los objetos o procesos que tienen comportamientos ligados a las leyes de la materia, es decir, todos los elementos que conforman la realidad general estarían dentro de este grupo, en virtud de que todos los objetos y procesos en el universo están ligados con la física por estar constituidos de materia y formar parte de un universo físico. De tal modo, el ser humano y sus procesos, en virtud de que, al igual que las rocas y los gases, tienen una naturaleza física, quedan comprendidos también dentro de este grupo.

Inerciales–biológicos. Son aquellos objetos o procesos que, además de estar ligados a las leyes de la física en función de su naturaleza material, tienen comportamientos que no pueden ser comprendidos únicamente por medio de las leyes simples de la materia, pues, a diferencia de lo meramente físico, tienen funcionamientos estructurales ordenados y sistemáticos, como los vegetales y los procesos que hacen posible su existencia.

Inerciales–biológicos–sensorreactivos. Son aquellos que están vinculados a las leyes de la materia, pero que, además, tienen comportamientos propios de lo biológico por tener una estructura orgánica con funcionamientos sistemáticos y cuyos comportamientos pueden ser comprendidos en parte mediante los conocimientos propios de lo biológico, pero que, además, presentan comportamientos que no pueden ser abarcados plenamente ni por la ciencia de lo físico ni por la de lo biológico en virtud de que tienen la peculiaridad de poder reaccionar ante estímulos sensibles, lo que confiere a sus comportamientos un aspecto muy especial, el cual hace que su comportamiento sea muy distinto al de los otros ya analizados.

En este grupo de elementos están los animales cuyo comportamiento es muy distinto del de la materia inerte y el de los vegetales.

Inerciales–biológicos–sensorreactivos–racionales. Se refieren exclusivamente al ser humano y a sus procesos en función de su naturaleza física, biológica, sensorreactiva; además, a diferencia de los animales, el ser humano tiene una capacidad de reacción sensorial muy especial: la cualidad racional hace que deba identificarse al ser humano y sus procesos como algo distinto del resto de los elementos que conforman la realidad general.

Ahora bien, por *raciocinio humano* debe entenderse, para los fines de esta teoría, una notable mayor capacidad que la animal para obtener información, procesarla, utilizarla y transmitirla;

esto, aunado a la sensorreactividad humana, hace que los fenómenos que desencadena la acción humana deban ser abordados por una ciencia especial que, de manera general y panorámica, pueda dar cuenta de los mismos.

Clasificación de las cualidades sensosintéticas de los objetos y procesos de la realidad general

Entre las múltiples y variadas cualidades que pueden tener los elementos de la realidad general, hay un tipo de cualidades que se denominarán *cualidades sensosintéticas.* Este tipo de cualidades tienen relación directa con el ser humano, pues se refieren a los tipos de sensaciones que puede producir o experimentar un determinado elemento de la realidad.

Sabemos que solo los seres humanos y los animales pueden experimentar sensaciones; sin embargo, todos o casi todos los elementos de la realidad pueden producir una sensación determinada en el ser humano o cualquier otro ser susceptible a las sensaciones.

Las cualidades sensosintéticas pueden dividirse en ***positivas*** y ***neutras***. Las ***positivas*** se dividen a su vez en ***positivas activas*** y ***positivas pasivas***; las ***positivas activas*** se dividen en *positivas activas benéficas* y *positivas activas perjudiciales*; las ***neutras*** a su vez se dividen en ***neutras activas*** y ***neutras pasivas***; las ***neutras activas*** se dividen en *neutras activas benéficas* y *neutras activas perjudiciales*; las ***neutras pasivas*** se dividen en *neutras pasivas benéficas* y *neutras pasivas perjudiciales* como se verá enseguida.

Positivas son las cualidades sensosintéticas que producen efectivamente una afectación sensosintética constatable; pueden a su vez dividirse en: ***positivas activas*** y ***positivas pasivas***.

Las cualidades sensosintéticas ***positivas activas*** consisten en la capacidad que posee un elemento, ya sea humano o no, para producir efectos sensosintéticos en otros elementos o de producírselos a sí mismo; pueden dividirse en: *positivas activas benéficas* y *positivas activas perjudiciales.*

Las cualidades sensosintéticas *positivas activas benéficas* consisten en la capacidad que tiene un elemento de producir en otro un efecto sensosintético benéfico, es decir, la eliminación o reducción de sus afecciones.

La medicina es un elemento químico o un procedimiento que tiene esta potencialidad. Cada persona puede de algún modo brindar un beneficio a otras personas aminorando su afección; pero, a diferencia de las personas comunes, los médicos tienen una mayor capacidad para ello, pues poseen mayor preparación que una persona sin trayectoria académica. Muchas de las cosas que se encuentran en torno del ser humano pueden ser utilizadas como herramientas para los fines humanos, y con ello producir en el hombre un efecto de satisfacción sensosintética, es decir, eliminando o aminorando sus afecciones.

Las cualidades sensosintéticas *positivas activas perjudiciales* consisten en la capacidad que tiene un elemento de producir en otro un efecto sensosintético perjudicial, es decir, generación o amplificación de afecciones.

Las ***positivas pasivas***. Son la capacidad que tiene un elemento de ser afectado sensosintéticamente por la influencia de otros elementos o por sí mismo: pueden dividirse en: *positivas pasivas benéficas* y *positivas pasivas perjudiciales.*

La cualidad sensosintética *positiva pasiva benéfica* es la cualidad que tiene un elemento de ser afectado de manera benéfica por otros elementos o por sí mismo, es decir, eliminando o aminorando las afecciones de ese elemento.

La cualidad sensosintética *positiva pasiva prejudicial* consiste en la capacidad que tiene un elemento de ser afectado por otros o por sí mismo de manera perjudicial; es decir, la capacidad de que otros elementos generen afecciones en un determinado elemento, o amplifiquen las que ya tenga dicho elemento.

Neutras. Por cualidad elemental *neutra* nos referimos a la capacidad que tiene un elemento de no producir efectos en otros elementos o en sí mismo, o de que los efectos que pueda producir sean escasos. Esta cualidad es en muchos casos más bien teórica, pero aun así trascendente.

Para entender un poco mejor a qué nos referimos por cualidad elemental neutra, observemos un breve ejemplo introductorio: en un fenómeno real, por ejemplo, un homicidio cometido con arma de fuego, el efecto producido por el homicida sobre su víctima es evidente, pues ocasionó la muerte de ese ser humano; no obstante, en un principio existió la posibilidad de que el homicida hubiese desistido de su acción. En ese caso, si el homicida no hubiera disparado, eso habría tenido como consecuencia que la persona no hubiera muerto y siguiera pagando impuestos, contribuyendo con su comunidad, criando a sus hijos, etcétera.

En ese sentido, los fenómenos o hechos de la realidad ocurren tanto por lo que se hace efectivamente como por lo que no se hace o se deja de hacer. Tanto la afectación efectiva y verificable que un elemento ocasiona en otro como la no afectación tienen trascendencia sociológica, solo que en el primer caso es fácil identificar que ha habido una afectación, o que un elemento ha producido un efecto en otro, pues los resultados son evidentes; en el segundo caso, quizás jamás se sepa que efectivamente la omisión de disparar, por parte de un homicida en potencia, dio como resultado que la víctima siguiera con vida, esto en el caso de que no hubiera disparado en realidad; probablemente ni la víctima sea consciente de que estuvo a punto de morir. A grandes rasgos, a esto nos referimos por efecto neutro o teórico.

Como se dijo antes, las cualidades sensosintéticas *neutras* pueden a su vez dividirse en: ***neutras activas*** y ***neutras pasivas***. Las ***neutras activas*** consisten en la capacidad que tiene un elemento para no producir efectos sensosintéticos en otros elementos o de no producírselos a sí mismo; en caso de producir algún efecto en otros o en sí mismo, dichos efectos son mínimos.

En los casos en los que una persona padece de sus facultades mentales, y existe un riesgo fundado de que pueda llegar a hacerse daño a sí mismo o causar daño a otras personas o a la propiedad privada ajena, es necesario quitar a esa persona su capacidad para dañarse a sí misma y para dañar a terceros, por lo que las autoridades suelen ordenar que se le aísle y se limiten sus movimientos corporales para evitar que pueda ocasionarse alguna lesión o la muerte.

De tal modo, una vez que esa persona se ha alejado de la sociedad, y sus movimientos corporales han sido minimizados mediante la utilización de alguna prenda o dispositivo que inmovilice sus extremidades, es evidente que su capacidad para producir efectos en otras personas o en sí mismas se ha anulado. En ese caso, podemos decir que esa persona tiene una potencia neutra para afectar a otras personas, es decir, que esa persona no puede afectar a otros mientras se encuentra en esas condiciones. Sin embargo, esa persona sí está expuesta a ser afectada por las personas que laboran en el lugar de su internamiento, pues, debido a que no puede valerse por sí misma, esa persona puede sufrir abusos por parte del personal que la atiende.

En realidad, las cualidades neutras no existen en términos absolutos, pues una persona que está internada en algún centro especializado para atender a personas que padecen de sus facultades mentales sí ejerce de hecho una influencia en el comportamiento de las personas a su alrededor, pues los obliga a atender sus necesidades. A lo que nos referimos con cualidades sensosintéticas neutras es a que la influencia que ejerce un elemento sobre otros es mínima, o por lo menos no tiene la capacidad para ejercer la influencia que desearía ejercer sobre otros elementos o sobre sí mismo.

Las cualidades sensosintéticas neutras activas pueden dividirse en: *neutras activas benéficas* y *neutras activas perjudiciales*. Las *neutras activas benéficas* consisten en la capacidad que tiene un elemento de no producir en otro un efecto sensosintético benéfico, es decir, de no eliminar o reducir las afecciones sensosintéticas de otros elementos o de sí mismo.

Las cualidades sensosintéticas *neutras activas perjudiciales* son la capacidad que tiene un elemento de no producir en otros elementos o en sí mismo un efecto sensosintético perjudicial, es decir, de generación o amplificación de afecciones sensosintéticas.

Las cualidades sensosintéticas ***neutras pasivas*** consisten en la capacidad que tiene un elemento de no ser afectado sensosintéticamente por la influencia de otros elementos o de sí mismo; se dividen en *neutras pasivas benéficas* y *neutras pasivas perjudiciales*.

Las cualidades *neutras pasivas benéficas* consisten en la capacidad que tiene un elemento de no ser afectado sensosintéticamente por otros elementos o por sí mismo de manera benéfica, es decir, de que sus afecciones no puedan ser eliminadas o reducidas por otros elementos o por sí mismo.

Por otras parte, las cualidades *neutras pasivas perjudiciales* son la capacidad que tiene un elemento de no ser afectado sensosintéticamente por otros o por sí mismo de manera perjudicial; es decir, la capacidad de que otros elementos no generen afecciones o no amplifiquen las que tenga un determinado elemento.

Generalidades sobre las cualidades neutras de los elementos

Tratándose de este tipo de cualidades, conviene ampliar un poco la explicación debido a que son un aspecto un tanto complejo de esta teoría.

Podemos decir que los elementos que tiene una cualidad neutra de un tipo determinado, en este caso sensosintética, no afecta sensosintéticamente el comportamiento de otros elementos, o los afecta muy escasamente. Esta cualidad tiene trascendencia sociológica, pues los fenómenos también ocurren en virtud de que no hay elementos que los contrarresten o impidan su existencia.

Durante la Segunda Guerra Mundial, por ejemplo, se dice que lo que dio origen al nazismo y le permitió expandirse fue la escasa participación de las personas que veían en la organización nazi un peligro. En este caso, esas personas ejercieron un efecto neutro en su entorno, es decir, su afectación en el entorno fue nula o escasa; su inacción dio como resultado el Holocausto. Cabría cuestionarnos cuál fue el factor que neutralizó la potencia de esas personas, es decir, qué hizo que muchas personas que sabían que la organización nazi era peligrosa no actuaran: ¿el miedo? ¿la conveniencia?

Cabría reflexionar en lo que ocurrió en realidad en los años que antecedieron a la Segunda Guerra Mundial, es decir, si lo que dio como resultado los crímenes nazis fue efectivamente la inacción de quienes previeron los hechos por suceder, o si más bien la organización nazi, en función de su fuerza y poderío, no era susceptible de ser afectada por unos pocos civiles, en cuyo caso, la responsabilidad no sería atribuible a quienes no trataron de impedir el ascenso del régimen de Hitler, sino que tendría que reconocerse que el establecimiento del régimen nazi era casi inevitable cuando las personas comenzaron a darse cuenta del peligro, y que de nada hubiera servido que los opositores a los nazis salieran a manifestarse a las calles o realizado acciones más hostiles.

Las cualidades neutras tienen una clara trascendencia sociológica, esto puede constatarse, por ejemplo, si consideramos que el comportamiento de una persona no es igual cuando está siendo afectado de manera sensosintética por su entorno, ya sea siendo beneficiado sensosintéticamente por otros o siendo perjudicado por otros. Cuando una persona es beneficiada sensosintéticamente por otros o es perjudicada sensosintéticamente por otros actúa de maneras determinadas; pero cuando no lo está o deja de estarlo, su comportamiento varía.

A grandes rasgos, por esta clase de motivos se considera importante en sociología tomar en cuenta tanto el efecto verificable de unos elementos sobre otros, como la no afectación de unos elementos sobre otros.

No debe olvidarse, sin embargo, que existen infinidad de tipos de cualidades elementales posibles, tanto positivas como neutras, sin mencionar que cada elemento tiene en sí mismo diversas cualidades de manera simultánea.

Clasificación de los tipos de elementos que conforman la realidad sensosintética o humanizada

Generalidades sobre el concepto de ***tipo*** *en la teoría sensosintética*

Por *tipo* debe entenderse, dentro de este enfoque, la concretización teórica de los objetos que conforman la realidad sensosintética o humanizada. Es decir, al convertir un objeto determinado —independientemente de su grado de integralidad, o de que se le pueda considerar a simple vista o no como una unidad— en un tipo de elemento concreto, le estamos asignando de manera teórica un conjunto de cualidades particulares, independientemente de que correspondan a la realidad o no (cabe mencionar que en la siguiente clasificación se busca que el tipo al que pertenezca cada elemento realmente corresponda con la realidad).

En ese sentido, al encuadrar un objeto o proceso determinado dentro de un tipo, le estamos reconociendo un conjunto de cualidades propias o asignándole cualidades de manera semi–artificial para concretizarlo de mejor manera. Esto significa que, al tipificar una porción de la realidad como un tipo de elemento concreto, estamos determinando el modo en el que se considerará tal objeto dentro del análisis efectuado, por lo que un elemento puede ser encuadrado dentro de un tipo de elemento particular por motivos meramente metodológicos o porque efectivamente sus cualidades correspondan con las de los elementos que de igual manera se encuentran posicionados dentro de ese tipo elemental.

Habiéndose comentado lo anterior como mero apunte, diremos que los elementos que conforman la realidad sensosintética o humanizada pueden dividirse en cuatro tipos:

1. *Inerciales–humanizados.* Son los objetos o procesos inerciales vinculados con los fenómenos sensosintéticos, ya sea por tratarse de elementos inertes que han sido alterados por la acción humana o porque de alguna manera intervienen en los fenómenos sensosintéticos.
2. *Inerciales–biológicos–humanizados.* Son aquellos objetos o procesos inerciales biológicos vinculados a los fenómenos sensosintéticos, es decir, que han sido transformados por la acción del ser humano, o que de alguna manera intervienen en un fenómeno de interés sociológico.
3. *Inerciales–biológicos–sensorreactivos–humanizados.* Son aquellos objetos o procesos inerciales, biológicos, sensorreactivos vinculados a los fenómenos sensosintéticos.
4. *Inerciales–biológicos–sensorreactivos–racionales–humanizados.* Cabe decir ahora que esta tipificación le es propia de manera exclusiva al ser humano. Debe entenderse dentro de este grupo a los seres humanos cuyos comportamientos no pueden ser explicados o comprendidos sin la intervención de otros seres humanos, es decir, se trata de seres humanos cuyo comportamiento no es igual a como sería en caso de haberse criado en solitario (lo que es una posibilidad meramente teórica), sino que ha adquirido características que no tendría de no haber sido afectada de algún modo por la realidad sensosintética ya preexistente al momento de su nacimiento.

Sobre el proceso sensosintético en general

Sobre los estratos fundamentales del proceso sensosintético en general

Habiendo ya analizado a grandes rasgos lo relativo al concepto amplificado de *estratificación*, así como el concepto mismo de *proceso*, analizaremos a continuación las partes básicas y generales que están presentes en todo proceso sensosintético, independientemente de su proporción o alcance.

Recordando que un proceso es un conjunto de elementos que experimentan un comportamiento en el tiempo y el espacio, y que mantienen una vinculación de causa y efecto convirtiéndose en una estratificación coherente y estructurada de hechos en el espacio y en el tiempo.

Ahora bien, por *proceso sensosintético* entendemos una estratificación de elementos en el espacio y en el tiempo en el cual la vinculación de causa y efecto son los fenómenos sensosintéticos. Estamos hablando de fenómenos estructurados desencadenados por las reacciones del ser humano ante estímulos sensibles; eso nos indica que los fenómenos sensosintéticos pueden presentarse en distinto grado de complejidad, desde los más simples y restringidos hasta los más complejos y amplios.

No obstante, todos ellos, sin importar su grado de extensión o complejidad, estarán integrados por un conjunto de partes básicas o estratos, entendiendo por *estrato* la porción de algo.

En términos generales, puede decirse que las partes fundamentales de todo proceso sensosintético, sin importar su extensión o complejidad, son:

1. *El entorno sensosintético.* El proceso sensosintético comienza en un medio físico, de donde surgen y se desarrollan los elementos que lo integran, ya sean elementos de la naturaleza, culturales o incluso seres humanos.
2. *La materia sensible.* Es la estructura corpórea del individuo, capaz de reaccionar ante un estímulo sensible.
3. *La motivación sensosintética.* Es el factor que causa la reacción de la materia sensible.
4. *Los fines sensosintéticos.* Cuando la materia sensible sufre un malestar particular, inmediatamente se configura en la mente del individuo una finalidad particular, que es precisamente la de eliminar esa afección concreta.
5. *La actividad sensosintética.* Es la actividad humana previamente motivada que persigue mediante su acción objetivos específicos, como buscar alimento.

6. *Los medios sensosintéticos*. Por medios sensosintéticos nos referimos a los elementos de los que el actor se vale para alcanzar una finalidad predeterminada.
7. *Los resultados del proceso*. Debe recordarse que el proceso sensosintético produce transformaciones en el entorno, por lo que puede afirmarse que una generación humana nunca inicia su actividad sensosintética en un entorno idéntico al de sus antecesores, de lo que resulta la constante e ininterrumpida transformación de la realidad humanizada a la que llamamos *historia humana*.

Cada parte del proceso sensosintético funciona como un elemento en sí mismo; al interactuar con otro se afectan recíprocamente. No obstante, tal interacción no siempre se da de manera idéntica, sino que puede variar, pues si ocurre alguna alteración en alguna de las partes mencionadas se producirán inmediatamente transformaciones en el resto del conjunto.

Como ejemplo de lo anterior, pensemos que si se produjera repentinamente alguna alteración en la materia sensible del hombre que le hiciera dejar de ser susceptible a las sensaciones y, por ende, al hambre o al frío, tal alteración no solo le afectaría a él, sino que se derivaría una serie de alteraciones en su entorno físico y social, pues dejaría de talar los bosques para calentarse o para construir viviendas; dejaría de hacer casi todo lo que realiza en la actualidad para evitar sensaciones de malestar; incluso, quizás, al no ser forzado por el hambre a alimentarse, dejaría de hacerlo y, en consecuencia, la especie humana comenzaría a desaparecer.

Tipos básicos de procesos sensosintéticos

Cada proceso sensosintético es único e irrepetible; todos difieren en cuanto a estructura, entendiendo por esta el modo en el que están estratificados sus elementos integrales, es decir, cada proceso sensosintético tiene particularidades relativas a los elementos que en él intervienen, los modos en que intervienen, el lugar donde ocurren, el tiempo en el que ocurren. No obstante, a pesar de que cada uno de estos procesos es en realidad único e irrepetible, en la realidad social se pueden detectar similitudes entre muchos de estos, y con base en ello se pueden distinguir tipos de procesos sensosintéticos, muchos de los cuales son recurrentes dentro de la realidad social.

En virtud de que dos procesos sensosintéticos no pueden ocurrir de manera simultánea en el mismo espacio y en el mismo tiempo, debe reconocerse que cada uno es único e irrepetible, todos ocurren en un momento concreto del tiempo, así como en un lugar concreto, lo que en conjunto hace que cada proceso sensosintético posea rasgos únicos con respecto a otros; esto sin mencionar otras particularidades como los elementos que los integran. Sin embargo, por ahora, con base sobre todo en su proporción, y en los elementos que en ellos intervienen, distinguiremos dos tipos básicos de proceso sensosintético: *simple* y *estructural*.

Proceso sensosintético simple. Es la actividad desarrollada por un individuo en su vida diaria, así como puede tratarse de la actividad sensosintética desarrollada por un pequeño grupo con fuerte cohesión, como una familia o incluso una pequeña comunidad o, extendiendo un poco más la definición, por una colectividad pequeña. Este tipo de proceso sensosintético simple generalmente será llamado *actividad sensosintética* por hacer referencia a la actividad de las personas, las cuales, aunque son efectivamente un proceso y una estratificación de elementos trabajando en conjunto, el modo más habitual de referirnos a ello es mediante el término de *actividad*.

Si tomamos en cuenta que hay muchas maneras de tipificar un determinado proceso sensosintético, desde las más precisas, hasta las más genéricas, debemos señalar que en este caso, mediante la denominación de proceso sensosintético simple nos estamos refiriendo a algo muy genérico, intentando englobar dentro de tal término lo que habitualmente llamamos *vida cotidiana* de las personas, la cual en realidad vendría a ser una sucesión de procesos sensosintéticos particulares y concretos; pero aquí la estamos considerando como un solo proceso sensosintético integrado por subprocesos debido a que por el momento estamos generalizando y no entramos en casos concretos en los cuales deberemos ser más precisos en la descripción de los fenómenos concretos. Así pues, por el momento solo intentamos distinguir entre las actividades que generalmente realiza un individuo y las actividades que se generan dentro de todo un sistema social, el cual también posee una estructura y sentido.

Proceso sensosintético estructural. Es un proceso sensosintético a gran escala, incluso a escala mundial, del que son parte todas las actividades humanas de nuestro tiempo.

Generalidades sobre las actividades sensosintéticas o procesos sensosintéticos simples

Por *estratificación de las actividades sensosintéticas* nos referimos básicamente al modo en el que se van organizando las actividades efectuadas por los individuos o por pequeños grupos humanos, nos referimos a actividades sensosintéticas a pequeña escala. Es conveniente distinguir entre dos tipos básicos de actividad sensosintética: ***individual***, que es la desarrollada por un solo individuo, y en ella participa su estructura anatómica, el lugar donde la realiza, el tiempo en el que la realiza, las personas y elementos que intervienen como entorno, entre otros; y ***colectiva***, que es la desarrollada por grupos pequeños más o menos cohesionados.

Sabemos que la actividad de los individuos es un proceso sensosintético en sí mismo o, mejor dicho, parte de un proceso en el que intervienen diversos elementos, tales como el entorno, los fines sensosintéticos; no obstante, cuando hablamos de actividad sensosintética debemos centrar la atención en la persona misma o en la materia sensible, y dejar en segundo término el resto de estratos del proceso sensosintético. De otro modo, sería muy complicado abordar metodológicamente todas las partes del proceso sin privilegiar alguna, ya que no siempre serán de igual relevancia en el análisis todas las partes del proceso, sino solo alguna o algunas de esas partes.

En ese sentido, cuando se utilice el término *actividad sensosintética*, debemos centrarnos sobre todo en la corporeidad de los individuos humanos. Estaríamos hablando del comportamiento; en este caso el ser humano sería el punto focal, de tal manera que, con base en el ser humano como punto focal, se abordará el resto de los elementos del proceso sensosintético como secundarios del proceso, excepto cuando algún otro elemento merezca ser abordado de manera especial.

Estratificación de las actividades sensosintéticas en general

En ese sentido, diremos a grandes rasgos que las actividades humanas se estructuran de acuerdo con el tipo de interacción que los individuos o los grupos tengan con el resto de los estratos del proceso sensosintético. En esa interacción, los aspectos de mayor relevancia serán: tipo, cantidad, grado de intensidad o frecuencia de afecciones que un individuo o grupo tiene en un momento determinado. Ello dará pauta a que las actividades de los individuos se diversifiquen cuando sean varias y de diverso tipo las afecciones que le aquejan, o se contraigan, ya que cuando, mediante su actividad, los individuos van resolviendo sus afecciones, puede llegar un momento en el que ya no les sea necesario realizar determinadas actividades y dejen de practicarlas para centrarse en la realización de un número de actividades más reducido o más simple. Con base en ello, debemos distinguir algunos tipos básicos de actividades sensosintéticas simples:

Actividad sensosintética directa. La que es una respuesta directa a una afección concreta, es decir, la actividad que tiene por objeto resolver una afección real y presente. En este caso la forma o estructura de la actividad obedecerá a los requerimientos que el objetivo exija.

Actividad sensosintética fósil. Cuando una determinada forma de actividad ya no es requerida, porque la afección cesó o mutó, pero se sigue practicando dicha actividad en virtud de que ha adquirido nuevos significados para los practicantes. En estos casos, se observa la práctica de actividades que parecen estar fuera de lugar, porque involucran la utilización de herramientas anticuadas, o de comportamientos antiguos, pero que, sin embargo, forman parte de prácticas relevantes en el presente, como la celebración de un matrimonio.

Denominamos a estas actividades como *fósiles* porque tienen su origen en un tiempo con condiciones distintas, y porque era en el pasado cuando tuvieron un verdadero sentido, pero, dado que ya no tienen ese sentido original, ahora son realmente un vestigio del pasado que les dio origen, pero un vestigio del pasado con nuevas utilidades que le han permitido mantenerse en uso.

En la cultura de los pueblos no es raro observar ritos o prácticas que involucran elementos que no parecen corresponder completamente con los usos que les dan en la actualidad; solo una vez que se analiza la historia de dicho ritual se comprende que en un principio tal elemento sí era una herramienta para resolver un problema real (*vg.*, producir calor antes de que existiesen aparatos para hacerlo), y cuando ya no fueron necesarios, se siguieron usando solo por el hecho de que la práctica estaba ya arraigada entre la población a la hora de celebrar determinado acto público.

Un ejemplo de esto es una anécdota en la que una joven ama de casa que cocina anualmente un pavo en Navidad; siempre le cortaba las extremidades y luego lo metía al enorme horno que poseía. Luego de varios años de hacer lo mismo, su marido le preguntó a qué se debía esa costumbre de cortar las extremidades al pavo; como fue incapaz de dar una respuesta, decidió preguntar a su madre, que casualmente se encontraba con ellos en ese momento: «Mamá, ¿por qué siempre cortamos las extremidades del pavo?» Su madre tampoco pudo responder, así que preguntó a su propia madre, que también se encontraba en el lugar. «Mamá, ¿por qué siempre cortamos las extremidades del pavo al cocinarlo?» Esta respondió: «¡No sé por qué ustedes le cortan las extremidades, yo tenía que cortárselas porque el horno que tenía al casarme era muy pequeño, pero ustedes no necesitan hacerlo, el de ustedes es muy grande!»

En este pequeño pero ilustrativo ejemplo se observa claramente que en muchos casos las costumbres se perpetúan hasta que llega un momento que nadie recuerda cómo se comenzó a hacer algo y solo se sigue repitiendo tal o cual práctica. Las prácticas no surgen espontáneamente, siempre hay una causa que les da origen, pero esas causas pueden extinguirse o cambiar; cuando ya no son necesarias, pueden seguir siendo utilizadas solo por costumbre o porque han adquirido nuevas condiciones. Dicho de otro modo, viejas prácticas pueden ser recicladas en usos modernos.

Proceso sensosintético estructural

Elementos teóricos introductorios

Aparte de todos los conceptos que se han abordado hasta el momento a fin de estar en condiciones de referirnos a la estratificación del proceso sensosintético estructural, es necesario considerar lo siguiente:

Sobre los fenómenos sensosintéticos en particular

Estos pueden dividirse en *innominados* y *nominados*.

Fenómenos sensosintéticos innominados. Variadísimos hechos de los que ocurren a cada instante cumplen con las características de los fenómenos sensosintéticos. A cada instante el ser humano realiza actos para resolver afecciones; esos actos pueden ser desde las cosas más simples hasta actos muy complejos. Entre los actos simples hay una innumerable serie de posibilidades en que los seres humanos pueden resolver sus afecciones, tales como rascar su cabeza para aliviar alguna posible comezón momentánea, girar su cuerpo en el sofá para resolver alguna posición incómoda, reducir la velocidad a la que se camina para descansar un poco las piernas...

Es tan innumerable el cúmulo de posibilidades en que un ser humano puede resolver una afección concreta que sería imposible clasificarlas a todas. Por ello existen diversos fenómenos sensosintéticos que no tienen una denominación; esto puede deberse a que, o bien son tan efímeros que no tiene caso poner atención en ellos, o su trascendencia sociológica no ha sido identificada aún y por ello permanecen sin denominación, o sin ser siquiera considerados como un fenómeno sensosintético estructurado. Así pues, en términos generales, son fenómenos sensosintéticos innominados todos aquellos que por cualquier causa carecen de denominación.

Generalidades sobre los fenómenos sensosintéticos nominados. Los fenómenos sensosintéticos nominados son fenómenos de clara trascendencia sociológica, por lo cual los estudiosos les han asignado una denominación y se han abocado a su estudio; en términos generales, son aquellos fenómenos sensosintéticos que tienen una denominación independientemente de su procedencia.

Valor sensosintético

Es el grado de importancia que un determinado elemento puede significar para un actor sensosintético, es decir, la importancia que un determinado elemento tiene para un actor sensosintético con base en el grado de beneficios sensosintéticos que ese elemento puede proporcionarle. Por esto debe considerarse que hay elementos de diversos valores sensosintéticos, de tal modo que esos valores determinarán el grado de influencia que un determinado elemento tenga en un fenómeno sensosintético.

Costo sensosintético

Es el malestar sensible que los seres humanos deciden experimentar con el fin de obtener un beneficio sensosintético de ello, aunque dicho beneficio sea simplemente evitar con ello otros sufrimientos mayores.

El malestar al que nos referimos se diferencia de un malestar cualquiera por dos cosas: la primera es que se trata de un malestar que se decide sufrir más bien de manera voluntaria; la segunda es que se trata de un malestar de menor intensidad, frecuencia o duración que el que se pretende eliminar mediante su experimentación; se trata de un medio para evitar sufrimientos mayores.

La propia existencia de las sociedades y de la vida civilizada es resultado directo de este principio, pues la colaboración aporta mayores beneficios a los individuos que el aislamiento o la guerra.

Sin embargo, la colaboración solo es posible si se cumple con una serie de requisitos, por ejemplo, que quienes colaboran en una tarea determinada puedan efectivamente obtener un beneficio de ello, ya sea la disminución de algunas de sus afecciones o algún otro. Por ello, quien desee gozar de la colaboración de otros actores debe ser capaz de motivarles a la acción, ello implica transmitirles algún beneficio.

Todo esto da origen a un sistema en el que cada individuo intenta transmitir de alguna manera un beneficio a otros individuos para obtener con ello el beneficio de su colaboración. De aquí emerge la sistematicidad que caracteriza a las sociedades actuales, en las que cada individuo se dedica a la realización de una actividad concreta, esperando con ello poder evitarle a otros el tener que realizarla por sí mismos y, en consecuencia, poder gozar de aquello que otros realizan.

De todo esto surgen actividades tales como las políticas, comerciales, artísticas, laborales, educativas... mediante las cuales unos individuos transmiten un beneficio a otros, esperando con ello obtener algún beneficio para sí mismos.

En el caso de los gobernantes, estos realizan una actividad necesaria para el funcionamiento de la Sociedad; a cambio obtienen un beneficio por liberar al resto de los ciudadanos de tener que dedicarse ellos mismos a la persecución del delito, a la construcción de carreteras; quien se dedica al comercio, mediante su actividad de llevar un producto determinado hasta el cliente, le ahorra a este último el trabajo y el tiempo de ir por sí mismo a conseguirlo de los fabricantes o productores.

Tolerancia sensosintética

Se refiere a los casos en que los seres humanos no tienen opciones, y solo pueden resistir las condiciones a las que se encuentran sometidos, como en el caso de la esclavitud. Aquí las personas no deciden someterse a determinadas condiciones de vida, sino que se ven sometidos a ellas de forma involuntaria; se trata de los casos en los que una persona tolera determinada situación desagradable no precisamente para obtener una ganancia de ello, sino para evitar una situación peor.

El rasgo que diferencia la tolerancia del costo sensosintético, es que en este caso la persona no elige someterse a esas condiciones, sino que se ve obligado a tener que soportarlas para evitar que la situación empeore, en espera de que esa situación cese algún día. Cabe señalar que en los casos extremos, lo que mantiene en pie a las personas frente a la adversidad generalmente es solo la esperanza.

Tensión sensosintética

Se refiere al fenómeno en el que dos o más elementos se afectan sensosintéticamente de manera recíproca, generando con ello un cierto equilibrio sensosintético; donde un elemento se abstiene de producir daños considerables en el otro por temor a los daños que pueda ocasionarle ese otro elemento en represalia.

Dentro de ese equilibrio, ocurren diversas cosas: por un lado, un elemento puede producir una afectación sensible en otro cuando se siente dañado por este para motivarlo a actuar de un modo distinto; también puede suceder que un elemento evite dañar a otros aunque no haya sufrido una advertencia por el temor a que en el futuro pudiese sufrir las consecuencias de causar una afectación a otros elementos en el presente; también puede suceder que un elemento opte por transmitir un beneficio a otros elementos para, de ese modo, tratar de obtener de ellos otros beneficios, lo que da origen a un sistema en el que no solo los elementos tratan de no dañarse recíprocamente sino que, en lugar de ello, intercambian beneficios, ya sea negociando o comerciando con bienes o servicios.

Este fenómeno puede observarse a varios niveles, tanto a nivel micro (en la relación entre dos personas), en la interacción entre un conjunto reducido de personas, o a gran escala.

Gracias a este fenómeno, las sociedades pueden alcanzar el grado de funcionalidad que presentan sin desintegrarse en sus procesos, pues, cuando una porción o sector del sistema es afectado por otros, ejercerá a su vez un efecto perjudicial sobre el primero a fin de motivarlo a cesar en su afectación. Por ejemplo, cuando el actuar de un gobierno perjudica considerablemente a la sociedad civil, esta buscará incidir en ese gobierno para que deje de hacerlo o incluso derrocará a tal gobierno.

Mediante la tensión sensosintética varios elementos modulan sus procesos y de ella surgen protestas, revoluciones, guerra, tratados de paz... A este fenómeno también se debe que las sociedades funcionen de manera más o menos ordenada; esto porque, una vez que un sector de la sociedad afecta sensosintéticamente a otro, obtendrá una consecuencia sensible.

Espectro sensosintético

Existe una gran gama de sensaciones, las hay agradables y desagradables, y en cada caso se pueden detectar variantes en cuanto a su graduación, es decir, existen varios grados y tipos de sensaciones agradables y desagradables, esto es algo a lo que debemos prestar mucha atención, pues es de fundamental trascendencia en la manera como se presentan los fenómenos que interesan a esta teoría.

En ese sentido, ese conjunto de sensaciones posibles que los seres humanos o los grupos humanos pueden experimentar en determinado momento es conocido como *espectro sensosintético*, y cuando ello sea necesario, la representación de dicho espectro se realizará mediante un círculo dividido en partes iguales, de manera similar a como suelen organizarse los colores en el llamado círculo cromático empleado en el arte.

En el caso del espectro sensosintético, en un extremo se colocarán las sensaciones consideradas benéficas o deseables, y en el otro extremo, las consideradas perjudiciales o no deseables; en ambos casos existirán varios niveles, tanto en lo que se refiere a lo agradable como a lo desagradable de cada sensación, y se buscará que queden representados de la mejor manera los distintos tipos y formas de sensaciones que las personas pueden experimentar para ampliar la comprensión de las fenomenidades estudiadas.

Adopción de soluciones

El mecanismo que más repercute en la difusión de la cultura es el acto que efectúan los seres humanos de adoptar las prácticas o costumbres llevadas a cabo por otras personas cuando ello les ayuda a solucionar alguna afección propia.

Si se observa una comunidad humana, una de las cosas que más llaman la atención es la similitud entre los comportamientos y las maneras de realizar determinadas actividades que existen entre los miembros de dicha comunidad. El comportamiento compartido entre las personas de una misma comunidad obedece comúnmente a la adopción de soluciones que unos hacen de otros, es decir, cuando un individuo observa cómo otro resuelve determinada afección, generalmente tenderá a adoptar dicha solución para usarla en beneficio propio. Cuando esto ocurre entre muchas personas, se producirá una adopción masiva y generalizada de cada solución existente en la localidad, ello dará como resultado que las personas de esa localidad tiendan a hacer las cosas de maneras semejantes, a producir objetos con similares características, a preparar los alimentos de maneras parecidas e incluso a hablar de maneras semejantes y con similares gesticulaciones. En la actualidad, solemos llamar *cultura* al conjunto de rasgos similares que las personas de determinada sociedad comparten entre sí.

La cultura, más que enseñarse, se adopta cuando esta es efectiva para resolver ciertas afecciones. Nada ganaría un padre con intentar convencer a sus hijos de comportarse de tal o cual manera si en ello los hijos no percibieran un beneficio real; en cambio, si ese beneficio realmente existe, los hijos adoptarán tales consejos o directrices.

Sobre los fenómenos cépicos

Sobre el concepto amplificado de cepa. El tradicional concepto de *cepa*, utilizado tanto en botánica como en otras ramas de la biología, como la microbiología, tiene características útiles para la sociología, toda vez que la cultura se dispersa y propaga comúnmente de modo muy similar a como se propagan las enfermedades víricas, es decir, la cultura suele transmitirse entre los seres humanos como un contagio, solo que con las respectivas particularidades de la materia.

El fenómeno de adopción de soluciones desencadena un fenómeno en el que los comportamientos y las actitudes de un agente inicial u original son replicados por otros agentes a los que se puede denominar *replicantes*.

La similitud entre este hecho y el contagio de una enfermedad infecciosa es innegable. En un inicio tenemos un solo agente realizando una determinada actividad; posteriormente habrá varios agentes realizando esa misma actividad de maneras muy similares.

Es por este motivo que a la replicación de prácticas por medio de la adopción de soluciones se le denomina aquí *fenómeno cépico*, en virtud de que el agente replicante vendría a dar origen a una nueva rama de practicantes de una determinada actividad.

En botánica, una cepa es la nueva rama que se va separando de otra inicial, es el origen de una nueva serie de ramas surgidas de otras anteriores.

Cada agente replicante será capaz de seguir propagando una determinada actividad o conjunto de actividades entre otros agentes; generalmente se podrán observar pequeñas variantes cada vez que esto se repita. Algo similar ocurre en el mundo de la biología cuando los virus van mutando progresivamente cada vez que surgen nuevos contagios. En ese sentido, no es extraño que en la replicación progresiva de una determinada actividad u objeto vayan surgiendo toda una gama de prácticas similares, aunque con ciertas particularidades. Esto se observa con claridad en el mundo del arte, donde cada artista va añadiendo su estilo particular a la manera de realizar una determinada obra, de tal modo que si varios artistas tratan de copiar una imagen, cada uno terminará por hacer una versión de manera distinta.

El modo de vestir es algo que puede ser replicado por otros, como el idioma. La cultura es producto de una replicación desarrollada a lo largo de mucho tiempo de formas de realizar las actividades necesarias en una comunidad. Si un miembro de la comunidad inventa una nueva manera de resolver cierto problema, otros adoptarán dicha creación y adaptarán esto a sus necesidades particulares.

Como toda actividad sensosintética, se pueden replicar elementos sensosintéticos directos, es decir, elementos usados para resolver una afección real y presente, o elementos sensosintéticos fósiles, es decir, elementos que surgieron para servir en la resolución de una afección real y presente, que después fueron innecesarios por diversos motivos, pero que, sin embargo, no dejaron de ser utilizados por las personas, ya sea porque fueron reciclados para resolver otras afecciones o por algún otro motive; ello explica por qué también se copia lo que no es precisamente necesario o lo que en un momento fue necesario pero ya no.

Un ejemplo muy simple de lo anterior pudiera ser el aprendizaje del latín por parte de alguien enamorado del sonido que produce su pronunciación. En este caso, si bien en un principio el latín no se inventó como un lujo sino como una necesidad de una comunidad humana, esa misma lengua puede seguir siendo aprendida, no ya por ser ello necesario para la vida, sino por mero placer o como fuente de empleo. Si la persona pretende enseñarlo a otros, ya no solo será un medio necesario para comunicarse, sino un medio para obtener dinero, prestigio, pareja...

En ese caso, debe distinguirse entre fenómenos cépicos directos, que consisten en la replicación de cosas necesarias en la actualidad para resolver una afección real y presente, y fenómenos cépico fósiles, que sería la replicación de algo que, si bien ya no es indispensable o no tiene ya el sentido que tenía cuando tuvo origen, pero que es replicado por algún motivo, aunque solo sea por el placer de hacerlo.

Así pues, por *fenómenos cépicos* nos referimos a la adopción de soluciones en sentido sistemático, es decir, cuando ocurre a gran escala y de manera progresiva; en otras palabras, sería el fenómeno de adopción de soluciones visto de manera panorámica.

El efecto ego

Es el fenómeno que ocurre cuando en un sistema social cada parte se preocupa solo de sí misma y se dedica a sustraer recursos del sistema, ello va debilitando al sistema hasta que este colapsa y todos resultan afectados.

Los seres humanos, en función de sus necesidades sensosintéticas, se ven influenciados a intentar sacar a cada instante ventaja de las circunstancias, lo que comúnmente conduce a que muchas personas se excedan en sus prácticas sensosintéticas afectando de manera desmedida el sistema del que son parte, hasta el punto de que, paradójicamente, terminan afectándose a sí mismos mediante prácticas que en apariencia deberían evitarles inconvenientes.

Suplencia laboral posibilitante

En un principio, los seres humanos debían realizar por sí solos una gran variedad de actividades en sus pequeñas colectividades. Cada persona se veía en la necesidad de resolver por sí mismo sus necesidades individuales: confeccionar su ropa, conseguir alimento, velar por su seguridad, curar sus enfermedades... En todo ello, las personas invertían mucho tiempo y esfuerzo, de tal modo que no tenían ni tiempo ni energía para hacer más que lo necesario para solventar sus necesidades más apremiantes, por lo que esas colectividades no parecían progresar; en esas circunstancias la raza humana permaneció durante la mayor parte de su existencia.

Un conjunto humano que se ve obligado a realizar por sí mismo todo cuanto le es necesario tiene grandes problemas para desarrollarse; sin embargo, cuando unas personas suplen a otras en la realización de ciertas tareas y las liberan de la necesidad de realizarlas por sí mismas, surge un nuevo tipo de ser humano, uno con tiempo y energía para dedicarse a nuevas tareas, algunas de las cuales serían inabordables para aquellos que se ven obligados a realizar toda una serie de actividades para solventar sus necesidades básicas y las de su familia.

Debe recordarse que las tareas de naturaleza más compleja, como el propio pensamiento filosófico y científico, solo pueden realizarse por personas con el tiempo y la energía suficientes para ello, por lo que tales actividades solo pueden surgir cuando se dan las condiciones para ello.

Así pues, cuando unos individuos o grupos liberan a otros de la necesidad de realizar las labores básicas, comienza a producirse el desarrollo de la humanidad, pues aumenta el número de soluciones con las que la comunidad cuenta para resolver sus afecciones en virtud de que existen personas con tiempo y energía para desarrollar nuevas soluciones a los problemas tradicionales, así como existen personas con el tiempo para reflexionar sobre cuestiones complejas.

La suplencia en la realización de labores puede producirse de distintas formas, ya sea incluso de manera forzosa o mediante intercambio de beneficios, pero el resultado es el mismo. Cuando existen personas que no están obligadas a realizar las labores tradicionales, es posible que alguien se encargue de nuevas labores, lo que va ampliando la complejidad de las sociedades.

No es difícil imaginar que algo similar debió de ocurrir en los principios de la humanidad, cuando tuvieron origen las clases gobernantes, con el fin inicial de dedicarse a aquellas labores necesarias para la colectividad que solo podía realizar quien tuviera tiempo y quizás capacidad para ello. Claro está que, en una colectividad, no solo es indispensable la producción de bienes y servicios, también lo es, sobre todo cuando las sociedades crecen y se hacen más complejas, la existencia de personas encargadas de la administración y planificación de las actividades. Pues bien, todo esto solo fue posible cuando algunos se vieron liberados por cualquier causa de la necesidad de dedicarse a las labores básicas.

Así pues, por *suplencia laboral* nos referimos al fenómeno por el cual una persona o grupo se ven por cualquier causa liberados de la necesidad de realizar las labores básicas de subsistencia; ello hace posible que esas personas puedan realizar actividades nuevas dentro de una comunidad. Cabría señalar que ese tiempo libre y ese ahorro de energía que se produce a raíz de la suplencia laboral no solo da como resultado el surgimiento de nuevas soluciones a problemas tradicionales, sino que también puede dar origen a nuevos vicios y a nuevas conductas nocivas, pero también a nuevas manifestaciones artísticas, nuevas formas de vivir.

Acaparación de labores

En una sociedad desprovista de industria y de tecnología normalmente existe un equilibrio entre las capacidades productivas de cada miembro, es decir, cada miembro de la comunidad solo puede tener una limitada influencia sobre su entorno; esas limitaciones compartidas dan pie a la colaboración con el fin de ampliar las capacidades particulares de cada integrante de la comunidad y encauzar ese esfuerzo compartido hacia un fin concreto, fin que no se lograría sin la colaboración.

Esto da pie a que normalmente la capacidad productiva de cada miembro de una comunidad sin industria ni tecnología suela ser útil para la comunidad; en esas condiciones, a cada miembro le corresponderá una cierta tarea que al final beneficiará a todos, esto da a cada persona la posibilidad de desarrollarse en la realización de la actividad que le corresponde, y a ganarse la vida con ello. No obstante, cuando la capacidad productiva de algún miembro se incrementa gracias a la utilización de la tecnología, ya no solo es capaz de realizar la tarea que realizaba con anterioridad, sino que ahora puede cumplir con un número mayor de actividades, por lo que comienza a invadir las actividades que otros realizan, haciendo que paulatinamente la actividad de los otros se haga innecesaria paulatinamente.

Todo esto conduce a que unos pocos acaparen las labores y los beneficios que en un inicio realizaban otros miembros de la comunidad, lo que genera que un amplio sector de la sociedad se vea relegado de la actividad productiva, y desprovisto de la posibilidad de obtener una porción de los beneficios que antes obtenía mediante la actividad compartida, pues ahora todos esos beneficios son acaparados por el productor invasor, produciéndose un grave desequilibrio en la funcionalidad social, desequilibrio que imposibilita el óptimo desarrollo de todos los miembros de la sociedad.

Estratificación del proceso sensosintético estructural

El mundo globalizado actual no es sino un proceso sensosintético a gran escala, un enorme conjunto o aglomeración de pequeños procesos sensosintéticos y fenómenos sensosintéticos en general, una enorme masa de hechos y circunstancias, tanto deseados por el ser humano como indeseados por este, pero con un sentido claro: resolver las afecciones humanas. Claro está que los fenómenos sociales son más que la lucha de clases mencionada por Karl Marx.

Habiendo llegado a este punto, cabe decir que en el mundo globalizado intervienen todos los fenómenos analizados previamente, pero quizás sea justo reconocer la gran relevancia que tiene la tensión sensosintética en la expansión de los procesos sociales. Sin ella, la vida social sería una lucha encarnizada que imposibilitaría la vida misma; si unos no pudieran producir ciertas afecciones en otros para persuadirlos de modificar sus acciones, la vida social sería atroz, pues cuando tus acciones no tienen consecuencias, tus acciones no tienen límites, y cuando los límites no existen, todas las desgracias son posibles.

De igual modo, a grandes rasgos, se deben mencionar como fenómeno fundamental de la estratificación del proceso sensosintético estructural los fenómenos cépicos, ya sean directos o fósiles, pues de ellos surge lo que denominamos *cultura* y *vida civilizada*.

En términos generales, al igual que las actividades sensosintéticas simples se estructuran en función de las afecciones que les aquejan, dependiendo de ello el número y el tipo de actividades que el actor debe llevar a cabo, a gran escala también depende del tipo de desafíos que tiene una sociedad lo que determina el grado de complejidad de su organización y actividad una vez que dicho desafío desaparece o muta, también las actividades y la organización de esa sociedad tenderá a cambiar, a menos que la vieja organización haya adquirido otros significados útiles en las nuevas circunstancias.

Ahora bien, debido a que el objetivo de esta obra no es hacer un análisis exhaustivo de la sociedad actual mediante esta teoría, sino exclusivamente presentar este nuevo enfoque y sus conceptos fundamentales, se dejará para otro momento tal análisis a fin de hacerlo de la manera más apropiada.

Reflexiones sobre el ser humano y algunos aspectos relacionados con esta teoría

Sobre la actividad esencial del ser humano

Al igual que los árboles, que desde que son semillas poseen en su núcleo la potencia de crecer y desarrollarse haciendo que todas las características en ellas contenidas fluyan de su interior sin que las fuerzas externas parezcan tener injerencia —o a pesar de estas—, cada ser humano también posee desde un inicio algo que fluye en su interior y que busca expresarse y desarrollarse, una motivación interna y primigenia que constituye el ser y la esencia original del individuo. Esa motivación original e inmanente del ser humano lo provee de necesidades y, por ende, de fines y objetivos que son propias de su esencia, y no solo el resultado de hechos o situaciones circunstanciales.

El ser humano, además de ser parte de un gran proceso sensosintético en el que aparece como una parte sometida en gran medida a circunstancias muchas veces ajenas a su voluntad, es parte también de un proceso sensosintético esencial e individual desde un primer momento; desde un primer instante está en la búsqueda de cumplir ciertos fines que le son impuestos por su propia esencia, es decir, por sus propias cualidades elementales, y es en la consecución de estos fines primarios donde obtendrá un verdadero sentimiento de realización y de felicidad. Todo esto surge en el individuo como un flujo vital, pues en su interior hay ya una potencia latente capaz de influir en el exterior.

Ahora bien, sabiendo que existe una motivación a la acción que fluye desde la propia esencia del ser humano y le imbuye en un proceso sensosintético primigenio con un conjunto de fines posibles, debe considerarse esa actividad original impulsada por la propia naturaleza interna del individuo como una necesidad esencial del individuo; por ende, la no realización de tales finalidades debe considerarse como una perturbación de ese flujo vital original.

En ese sentido, toda vez que sabemos que esa perturbación al proceso sensosintético esencial del ser humano le causa sufrimiento, debe reconocerse la trascendental importancia de ese proceso sensosintético que hemos calificado de *esencial*; el motivo por el que no mencionamos este tipo de proceso sensosintético con anterioridad es que se consideró importante no mezclar esta consideración especial del ser humano con el *corpus* fundamental de la teoría sensosintética, para evitar argumentaciones no recomendables en determinado momento, pues esta consideración especial del ser humano no puede ser tratada a grandes rasgos, como sí lo puede ser otro tipo de elementos teóricos de esta teoría; esto debido a que la consideración especial del ser humano debe ser incluso un momento para rendir tributo a la propia idea de ser humano, lo cual sería difícil en otro momento; esto no es de ninguna manera una insinuación de que en estas breves líneas se haya cumplido a cabalidad ese fin, pues únicamente quisimos hacer mención, a grandísimos rasgos, de algunas cuestiones que era difícil abordar con anterioridad.

Por ahora, solo se dirá que ese impulso original al que hemos hecho referencia es la fuerza vital del individuo, es parte de su esencia; no se trata de un impulso exterior, es algo que debe ser considerado como parte integral del individuo y, por ende, cualquier afectación al mismo es una afectación al individuo mismo.

El ser humano no es solo su estructura anatómica, es también esa acción impulsada desde su interior. El ser humano no solo es objeto concreto, sino también proceso concreto, y esa acción en potencia, que también es el hombre, necesita expresarse y fluir libremente, por lo que cualquier interrupción en ese proceso le causará sufrimiento.

En ese sentido, si tomamos en cuenta que el ser humano no solo es su cuerpo, sino también esa acción en potencia impulsada por su esencia misma, debemos reconocer que cuando el humano realiza su actividad sensosintética, no solo busca cuidar la integridad de su cuerpo, sino también la de su flujo vital esencial, es decir, procurar que las actividades que debe hacer y que le son propias las pueda realizar efectivamente. Entre estas cosas se encuentran el desarrollarse intelectual y físicamente, tener una vida que le satisfaga, pertenecer a un sistema político del que se sienta orgulloso, contribuir comunalmente y sentirse productivo.

Debe reconocerse que los sistemas sociales surgen como medios para que los individuos puedan alcanzar sus finalidades esenciales; por ende, un sistema social es en sí mismo un sistema en el que los seres humanos se desarrollan y no solo existen, y esa calidad de sistema de desarrollo humano es la principal utilidad de un sistema social. Resulta difícil imaginar un fin más importante para un sistema social que el de servir como medio de desarrollo para las personas que lo integran. Por este motivo, en todo momento se debe velar porque los sistemas sociales no tengan finalidades más trascendentes que servir como medios para el desarrollo integral de cada uno de sus ciudadanos.

Resulta increíble que en la actualidad el trabajo no sea considerado como un medio de desarrollo esencial para el hombre al que todo ciudadano pueda tener acceso y de hecho esté obligado a él, y solo tengan acceso a él los individuos cuando las condiciones mercantilistas del Estado requieren de mano de obra para la realización de una tarea determinada. Esto da como resultado que el trabajo esté supeditado a la existencia de algunas vacantes derivadas del mercantilismo egoísta en cada sistema social, lo que genera que un amplio número de ciudadanos no tengan acceso a un empleo remunerado, y en muchas ocasiones se dediquen al ocio y a la actividad criminal.

Podría decirse que gran parte de las problemáticas sociales se solucionarían si se garantizara a cada ciudadano un empleo remunerado y si cada ciudadano estuviera obligado a realizar una actividad productiva. Para esto se debería regular la utilización de tecnologías innobles, es decir, aquellas que solo tienen por objeto la reducción de trabajadores en una determinada industria y no propiamente el logro de finalidades difícilmente alcanzables por los trabajadores humanos. El mundo no puede seguir mirando hacia otro lado cuando las nuevas tecnologías están ocasionando un desempleo sin precedentes. Muchísimas personas están quedando en la desocupación total y sin posibilidades de allegarse lo más necesario. Lo que antes producían los seres humanos ahora lo hacen las máquinas; el trabajo humano ya no es necesario para la industria, y ello está desgarrando a la sociedad misma, incluso a la propia civilización.

El trabajo debe ser visto como un bien en sí mismo y no solo como un medio de obtención de riqueza, pues la estructura anatómica del ser humano está constituida para el desarrollo de trabajo físico y mental, y solo en la realización de esas tareas el ser humano cumple su función esencial, de tal modo que un Estado debe garantizar a los ciudadanos el trabajo remunerado, aunque tal trabajo ya no sea necesario productivamente; es decir, el trabajo debe ser otorgado al ciudadano incluso cuando existan máquinas capaces de realizar tal labor, pues de otra manera llegaríamos a un punto en el que una sola máquina sea capaz de realizar todas las tareas necesarias en el mundo y, en consecuencia, todas las personas quedarían desempleadas.

Esto significa que los seres humanos deben tener un trabajo remunerado garantizado; de otra manera, el desempleo generalizado, generado por la utilización masiva de las nuevas tecnologías, acabará por aniquilar a la propia humanidad, ningún orden o civilización es posible en un mundo constituido por personas sin un oficio y sin una remuneración.

De continuar las cosas como están, se llegaría a un punto en el que una sola persona o corporación sería capaz de producir todos los productos comercializados en el mundo, pero ya no tendría quien los compre, pues todo mundo estaría desempleado, ya que en esta hipotética situación la producción total estaría a cargo de máquinas; esto sería una contracción laboral a gran escala.

El trabajo debe estar garantizado para cada individuo y no ser algo sujeto a las oportunidades o circunstancias del mundo empresarial. Nuevamente, la propia actividad empresarial debe estar determinada por el hecho de que cada ciudadano debe tener un empleo remunerado, por lo que se deberían realizar las adecuaciones necesarias para que, entre la iniciativa privada y las administraciones gubernamentales, puedan cumplir esa finalidad básica.

Un ser humano sin trabajo es un hombre vacío y sin sentido de propósito, por más bienes con los que cuente. Es en la actividad donde el hombre se conoce a sí mismo, conoce sus límites, sus capacidades, sus debilidades; al realizar la actividad, satisface su necesidad de propósito, pues el hombre es un ser hecho para la actividad, no para la inactividad. Mediante la actividad, el ser humano se perfecciona a sí mismo y se hace mejor ser humano. Sin importar qué labor realice, se perfecciona a sí mismo al ir perfeccionándose en el desarrollo de esa labor. En Japón existen disciplinas como la de desenvainar la espada; esta actividad consiste simplemente en desenfundar su sable de la manera más perfecta posible; en este simple acto, generación tras generación de practicantes han encontrado un medio de perfeccionamiento interno que les provee de sentido y de lucidez interna.

En un futuro, cuando el trabajo manual ya no sea realmente necesario, cada ciudadano deberá tener una actividad en la que pueda encontrar un terreno fértil para desplegar sus capacidades, incluso si esa actividad no fuera socialmente necesaria. Esa actividad deberá ser remunerada, lo que se traduciría en una labor virtual.

Sobre la naturaleza de la sociología

Una sociología moderna debe ser una herramienta útil para mejorar la sociedad, ser un medio en ese gran proceso de perfección y mejora humana en el que todos estamos inmersos desde tiempos inmemoriales. Para ello, esta rama del conocimiento, seguramente la más compleja de todas (en virtud de la dificultad que representa el conceptualizar objetos de estudio tan inestables), debe adquirir herramientas teóricas suficientes para emprender la tarea de la comprensión de un universo en el que nada es permanente y constante, sino cambiante y caótico, a fin de detectar lo aparentemente invariable y explicar lo evidentemente variable, pues esos cambios en la realidad no deben de ningún modo ser simplemente aceptados como algo dado e inevitable.

Tenemos que explicar por qué existen tales cambios y por qué, en lugar de ello, no es todo estático e invariable. Lo expresado en estas páginas no es de ninguna manera letra estéril por no apegarse al discurso sociológico tradicional que acostumbra abordar los complejos fenómenos de la realidad social como si ya los comprendiera de antemano y estuviera procediendo simplemente a explicarla al neófito, toda vez que esa realidad de la que habla la sociología clásica no es algo simple, y no está plenamente comprendida por las diversas corrientes sociológicas, por lo que la realidad social debe (aunque incomode y pueda llegar a ser frustrante) volver a ser tratada como un territorio inexplorado, si en realidad se desea producir avances reales y no solo aparentes.

La verdad es que la sociología no está realizando avances reales; ha habido avances y muy útiles en cuanto a métodos de investigación, pero en cuanto a comprensión del fenómeno que se estudia, la sociología tiene graves retrasos respecto de otras disciplinas científicas. Ese retraso es perfectamente justificable en virtud de lo complejo que es analizar con nuevos ojos aquello a lo que estamos tan apegados, aquello que consideramos tan familiar, como lo son nuestro entorno, nuestra vida en sociedad y las sociedades en las que vivimos.

Además de ello, la dificultad con la que ha tenido que lidiar la sociología es el hecho de que el estudio de la realidad social constituye una experiencia científica sumamente especial, para lo cual es inútil cualquier avance o desarrollo en otros campos, pues aquí no son operantes las reglas de la mecánica, la química, la física o las matemáticas. No por nada la sociedad es el último objeto de estudio abordado por la ciencia, es decir, si el estudio de la sociedad fuese un asunto sencillo, Galileo, Newton o Einstein nos hubieran entregado una teoría que explicara el funcionamiento de la sociedad antes de desarrollar sus conocidos y significativos trabajos en física.

La ciencia parte de la solución de cuestiones simples hacia la solución de cuestiones más complejas, proceso en el cual cada avance es acumulativo y sirve de apoyo para el reto subsiguiente. El que la sociología sea la ciencia más joven de todas significa mucho; sin embargo, esta vez no podremos servirnos del avance científico previo porque toda la ciencia que precede la sociología fue creada para estudiar fenómenos sumamente estables y claramente determinados, es decir, para trabajar con cosas de dimensiones evidentes a simple vista y con comportamientos sumamente repetitivos. De hecho, el paradigma científico está basado precisamente en la idea de que el universo está compuesto de fenómenos con comportamientos constantes y, por lo tanto, basta con conocer tales comportamientos repetitivos para comprender el funcionamiento del universo.

El error de la sociología clásica consiste en intentar describir la realidad humana como si sus procesos fuesen constantes; debemos realizar un viraje y comenzar a construir una sociología que nos permita apreciar y describir la mutabilidad de la realidad social. No nos sirve una sociología que describa a una sociedad con funciones constantes porque así no es la Sociedad; necesitamos una sociología que nos permita controlar tales procesos y con ello tomar control de nuestro destino.

Puede decirse que la presente obra busca aportar algunos elementos que pueden ser de utilidad en el reto que se presenta a la sociología y realizar un señalamiento de la necesidad de reiniciar la construcción del aparato teórico a fin de contar con uno que permita lograr lo indispensable en esta rama: la perfecta determinación de los elementos que se estudian.

Tal parece que el destino reservó para la sociología una tarea enorme y gloriosa, la cual no consiste simplemente en observar unos hechos e identificar las regularidades que allí existen; en realidad, su tarea es de una naturaleza más sublime, pues estudiar la realidad humana es estudiarnos y comprendernos a nosotros mismos, es mirarnos con la mentalidad científica que miles de años de pequeños progresos en nuestro raciocinio ha producido; preguntarnos hacia dónde debemos ir y cómo debemos vivir, pues habiendo ya controlado el átomo, es momento de controlar nuestro destino con responsabilidad, diseñar mejores modos de vida en función de las ventajas que nos brinda el conocimiento para que el destino de los pueblos no dependa más de la voluntad egoísta de sus líderes, sino que, mediante parámetros científicos, puedan ser diseñados sistemas sociales más justos y satisfactorios.

En definitiva, la sociología moderna debe ser capaz de realizar el sueño de su fundador, Augusto Comte, quien, por medio de un modesto pero significativo modelo teórico, intentó decir al mundo que el método científico puede ser empleado para comprender la realidad social y mejorarla, liberándola del yugo del azar y de los vicios de los dirigentes.

Sobre la teoría sensosintética

La teoría sensosintética es el resultado de hacer de la reacción humana ante estímulos sensibles una categoría en sí misma, capaz de coexistir con nociones como las de *sistema* y *conflicto*. Esta nueva categoría trae aparejados beneficios importantes para la teoría social y viene a resolver múltiples conflictos añejos en lo que a la reflexión sociológica se refiere, pues hace posible una conexión entre las diversas teorías sociológicas que ahora aparecen no como posturas mutuamente excluyentes, sino como aspectos complementarios de un solo fenómeno, lo cual se antojaría imposible sin contemplar este nuevo planteamiento.

Ahora es posible afirmar que las teorías clásicas en que se funda la sociología ortodoxa no describen realidades distintas, sino que únicamente se centran en aspectos distintos de la realidad humana, pues es cierto que, en ciertos momentos y bajo determinadas condiciones, el conflicto social moldea las sociedades humanas. No obstante, considerar este hecho como el único factor determinante de los fenómenos sociales es un grave error, pues si el conflicto fuera lo que moviliza las sociedades, cualquier resolución de tal conflicto no podría conducir sino a la aniquilación misma de la sociedad.

Es evidente que el conflicto, si bien existe, y de hecho puede ser un factor determinante en el modo en el que se estructura la sociedad, no puede ser considerado como lo único que ocurre en una sociedad, sino que debería ser considerado como una eventualidad y no como la sustancia del fenómeno social.

De igual manera, sería erróneo considerar la sociedad como un sistema en el sentido amplio del término, pues, aunque efectivamente las sociedades tienen comportamientos que en cierta medida pueden equipararse a los de un sistema, también tienen características que las alejan de lo que se entiende por sistema en sentido estricto, pues el comportamiento de un sistema es constante y no hay lugar en él para el cambio, lo que hace de la idea de *sistema* una noción insatisfactoria en sociología, aunque útil metodológica y esquemáticamente.

Es cierto que la idea de sistema no es del todo desdeñable, y de manera práctica puede ser bastante útil. No obstante, la cuestión de fondo no estriba en cuán sistemático es un sistema social o cuán variable es. La cuestión es que sabemos que no estamos ante un mecanismo de relojería y que, por lo tanto, un sistema teórico derivado de la mecánica no le sirve a un sociólogo; entonces debemos preguntarnos cuál sí le sirve; definitivamente un marco teórico apropiado para la sociología debe contemplar a la teoría sensosintética, que está basada no en meras idealizaciones sobre el fenómeno social, sino en hechos reales y verificables, hechos que, además, dan luz sobre la verdadera esencia del fenómeno humano, en el que no solo participan ciertos aspectos sistemáticos, sino también el conflicto y la estructuración.

La teoría sensosintética es un marco teórico que permite conectar de manera coherente la idea de *sistema* y la del *conflicto*, así como la idea de *estructuración social* u *organización social*, pues todos estos modelos son proyecciones concretas de una fase determinada de un fenómeno mayor, que es el que aquí se denomina *proceso sensosintético*, el cual puede pasar por periodos de gran orden, así como experimentar desarticulación y momentos de caos, reacomodos y transformaciones para facilitar sus procesos.

Además, mediante esta teoría es posible acceder a regiones del fenómeno social inaccesibles para el resto de marcos teóricos, y permite una enorme simplificación en la conceptualización de la realidad que estudia la sociología, lo que haría mucho más fácil la enseñanza de la disciplina, toda vez que, en el presente marco teórico es posible identificar con claridad el objeto de estudio particular de la sociología, siendo este la realidad humanizada o sensosintética.

Mediante este enfoque es posible apreciar la verdadera naturaleza de la historia humana, revelándose como un proceso en sí mismo, proceso al que aquí se denomina *proceso sensosintético*, mismo que es posible estudiar tanto en su más vasta amplitud como a nivel micro, sin que tengan que realizarse grandes maniobras teóricas para efectuar tal transición. Por esta razón, resulta difícil imaginar un motivo para que la sociología no adopte el presente enfoque. Pero quizás será necesario, por el bien de la sociología, tratar de que la academia se dé cuenta de las cualidades del mismo.

Actología y cognocracia

La teoría sensosintética contribuye a tener una comprensión más nítida de la realidad humana y nos permite preguntarnos si, habiendo llegado a este punto, será posible establecer una ciencia que tenga por objeto principal la comprensión y una mejor calidad de vida de las personas. Es decir, la mejora de la sociedad no siempre equivale a mejorar la vida humana, pues en muchas ocasiones la eficientización de las sociedades ocasiona daño a amplios sectores, por lo que es necesaria la existencia de una ciencia enfocada en la vida de las personas y, a partir de allí, buscar la mejora social. Establecer una ciencia de esta naturaleza es posible ahora, por lo menos en su primera etapa, pues su desarrollo dependerá del esfuerzo de muchos actores, como es el caso de toda ciencia.

En primer término, si consideramos que la vida de las personas es esencialmente la sucesión de actos que estas realizan desde el momento de su nacimiento hasta el de su muerte en un entorno determinado, esta ciencia debería denominarse *actología*, para diferenciarla un poco de la noción de vida, como se entiende en biología.

Esta ciencia debería iniciar como una disciplina multidisciplinaria experimental tendiente a la comprensión científica de la vida de los seres humanos con el propósito de perfeccionarla, lo que significa que sería una disciplina que entiende la vida de los seres humanos como un proceso perfectible; con base en ello, deberá darse a la tarea de buscar los medios para cumplir su cometido. Esto significa que deberá contar desde un inicio con una misión clara; su objeto de estudio debe ser la mejora social a partir de la mejora de la vida de las personas. Esto sería, pues, la misión actológica.

La práctica o aplicación de la actología debería ser en un primer momento similar a la de un psicólogo, es decir, el especialista debería partir de una estrecha comunicación con el interesado con el fin de descubrir cuáles son las necesidades principales y sugerir soluciones. De igual manera, el actólogo deberá realizar su tarea en el área vital de esa persona para estudiar sus procesos de vida habitual y detectar inconvenientes o problemas, de manera similar a como realizan sus actividades los ingenieros industriales al buscar problemas en el proceso de producción.

El actólogo, sin embargo, se centrará en dotar al sistema vital de la persona de aquellos elementos que propicien el bienestar tanto interno como externo; le ayudará a aprovechar mejor el tiempo, a eficientar sus actividades, a tener momentos de relajación y de esparcimiento y, en general, a adquirir lo necesario para alcanzar un estado de satisfacción vital. Con el paso del tiempo, las experiencias de diversos especialistas se irían acumulando, como sucede en toda ciencia, y llegaría un momento en que la vida de una persona, o la suma de sus experiencias particulares, será un medio para mejorar otras vidas.

En ese caso podrá decirse que la vida de cada individuo tiene un mayor propósito que en etapas anteriores de la humanidad, pues las experiencias de una persona podrán ser de gran valor para otras personas. En todo momento esta disciplina deberá servirse de la historia, a fin de estudiar las vivencias de los seres humanos de otras épocas y conocer más sobre la vida misma, sobre lo que significa *vivir*. Esta disciplina se apoyará en la sociología, la filosofía, la psicología, la ingeniería industrial, la administración, la ergonomía y todas aquellas disciplinas útiles para sus fines.

No obstante, por su naturaleza, la aplicación de la actología deberá tener límites, y obedecer a un principio de imparcialidad, es decir, el actólogo evitará ocasionar daño a terceros mediante sus prácticas, buscará la mejora de la sociedad mediante la de la vida de las personas que la integran, por lo que su labor no servirá exclusivamente a fines particulares, sino colectivos, lo que necesariamente pondrá límites a sus actividades, pues sería ilógico que, ayudando a mejorar la vida de una persona o grupo, el actólogo perjudique al resto de la sociedad, ello sería violatorio de la misión actológica.

La actología como ciencia comprometida

Es importante considerar en todo momento que las condiciones de vida de las personas están íntimamente vinculadas a aspectos socioeconómicos y, por ende, a su contexto político y social. Mejorar las condiciones de vida de una persona, de un grupo de personas o incluso de la sociedad misma necesariamente requiere de una actividad política, pues de otra manera los fines de esta disciplina no serán posibles; no obstante, deberá determinarse cuál es la manera más apropiada de proceder en cuestiones políticas para evitar caer en la politiquería barata, tan de moda actualmente.

En torno de este punto, la función principal de la actología en cuestiones políticas debe ser, sobre todo, la promoción de ideales y no precisamente de personas. El principal ideal que debe defender esta disciplina es la aplicación del conocimiento científico en la resolución de los asuntos sociales. Ese ideal requiere una denominación, en este caso lo más idóneo es denominarlo *cognocracia* que etimológicamente significa *el poder del conocimiento.*

Por *cognocracia* debe entenderse hacer del conocimiento y del método científico un medio permanente para resolver los problemas sociales. No se trata de limitar la democracia, sino de fortalecerla, de una nueva etapa, pues un sistema democrático en el cual las personas desconocen los alcances y las consecuencias de sus decisiones, y en el cual quienes deciden no comprenden fielmente la naturaleza de los asuntos que están aprobando o desaprobando, es un sistema peligroso e inadecuado para todos.

La cognocracia pone de manifiesto en un primer momento las deficiencias de una democracia ignorante y sin los límites de la razón; al mismo tiempo, defiende la necesidad de que la democracia se apoye en parámetros científicos claros y lógicos que permitan a las personas tomar mejores decisiones.

Este concepto no consiste en la eliminación del sistema democrático, sino en su perfeccionamiento, pues, evidentemente, si las personas están mejor informadas sobre las consecuencias de sus decisiones, decidirán mejor.

La cognocracia es la idea de que la simple manifestación de la voluntad de un ciudadano no garantiza que esa decisión será de beneficio a ese ciudadano, pues si no conoce plenamente las consecuencias, sus decisiones se vuelven más bien un riesgo para él y para la sociedad. Además, es fácil manipular las decisiones de quien no sabe lo que está haciendo al aceptar o apoyar algo.

Apartado especulativo

Hipótesis sobre el universo sensible y sobre la evolución sensosintética de las especies

El ser humano es mucho más de lo que una teoría pueda decir. Isaac Newton, a pesar de haber realizado ya su portentosa obra, expresó en una ocasión que él se consideraba solo un niño jugando a la orilla de un gran mar, que representaba la realidad que trataba de comprender. Lo que trataba de decir es que lo que intentaba comprender se le presentaba como algo inabarcable y, por lo tanto, aún tenía muchísimas dudas sobre ello.

En lo que se refiere a esta teoría, por ejemplo, si bien se basa en la categorización de la reacción humana ante estímulos sensibles, queda en el aire la pregunta ¿qué es en realidad la sensación? Sentir, si se reflexiona lo suficiente, resultará inexplicable, pues no hablamos solo de procesos mecánicos y de una cadena de causas y efectos, sino de *sentir*.

Poder sentir no tiene una explicación sencilla: si se golpea una piedra con otro objeto y esta se mueve en consecuencia es algo que podemos procesar, pues se trata de un movimiento mecánico, pero, aunque se suele pensar que la sensación no es más que el resultado de ciertos estímulos eléctricos en el cerebro, el hecho de sentir parece incomprensible. Esos estímulos deberían causar solo movimientos y reacciones en nuestros nervios, pero no deberíamos sentir nada, porque una cosa es que la acción de un objeto mueva otro por causas meramente mecánicas, pero, por complejo que pueda ser el efecto dominó en un proceso, y tan amplio que pueda ser un entramado de causas y efectos, todo lo que ocurra en ello debería ser insensible, no debería existir alguien que sintiera dichos efectos.

Probablemente para el lector resulte un poco extraño este punto, porque el hecho de sentir parece tan habitual y porque la neurobiología pareciera dar todas las respuestas, aunque no queda claro por qué sentimos y no solo reaccionamos insensiblemente a los impulsos que afectan nuestro organismo. Ese es el punto: lo extraño no es precisamente que la acción de determinado objeto tenga un efecto en el cuerpo de los seres humanos, pues la materia se afecta siempre, lo extraño es la sensación en sí misma, pues todo debería ocurrir sin que nadie sintiese nada.

Cuando el ser humano toca con sus manos el agua fría, se producen señales eléctricas que llegan a su cerebro y desencadenan todo tipo de reacciones en este, pero, ¿por qué lo siente? Cuando tocamos el timbre de una casa, se manda una señal eléctrica a través de un cable, eso produce un sonido del otro lado, pero la bocina que emite ese sonido no siente nada (hasta donde sabemos).

Seguramente a la pregunta «¿quién siente?», un neurobiólogo respondería que el cerebro; pero, aunque sabemos que existe una zona del cerebro a donde llegan todas las señales de la percepción, y que desde allí ocurre una respuesta a tal estímulo, todo ello no debería sentirse.

El poder sentir, y no solo reaccionar insensiblemente a los estímulos, ya sean eléctricos o mecánicos, no está debidamente explicado por la ciencia. Aquí solo apuntaremos una pequeña especulación científica, sin el ánimo de que sea tomada en cuenta, solo se trata de una mera especulación, pero que pudiera tener cierto sentido.

Debe quedar claro que estamos rebasando en este momento los lineamientos y fines de la presente teoría, lo siguiente no tiene nada que ver con el enfoque presentado. No obstante, la cuestión de la sensación, al ser algo tan relevante en esta teoría, merece cuando menos un intento especulativo de explicación, sin que tal intento deba ser en absoluto tomado en cuenta con seriedad, pues es solo especulación, quizás ni siquiera especulación científica.

Pues bien, si se piensa un poco en la cuestión, es surrealista la idea de que la evolución de los organismos vivos pueda originarse a partir de la materia inerte e insensible e irse estructurando hasta dar origen a creaturas capaces de sentir. Esto parece muy complicado, y más si todo ello ocurre, como sugiere la biología, de forma casi azarosa y fortuita.

Especulando, quizás en extremo, se puede llegar a una idea que aparentemente simplificaría mucho la cuestión; pareciera tener cierto sentido, pero no deja de resultar extraña, tan extraña que resulta complicado solo comenzar a referirse a ella, y por eso, solo diremos: ¿qué pasaría si todo en el universo tuviese la capacidad de sentir? Es decir, la materia inerte, incluso, rozando la locura, posiblemente el espacio, pues si la materia inerte sintiese, por qué no el propio espacio.

Aquí hay que recordar un detalle: sabemos que la capacidad de sentir que poseen los seres vivos tiene mucho que ver con la actividad eléctrica en sus neurorreceptores, ¿y que, acaso, dentro de los átomos, no ocurre todo tipo de reacciones y de actividad eléctrica subatómica? Teniendo esto en consideración, se pudiera pensar que, incluso si no todo en el universo tuviera la capacidad de sentir, con el hecho de que unos pocos elementos la tuvieran se simplificaría mucho esta cuestión, pues estaría claro que aquellos elementos con capacidad de sentir organizarían el resto para, en conjunto, conformar estructuras sensibles, como lo es la estructura anatómica de los seres vivos.

Regresando un poco a lo relativo a los átomos, posiblemente no sería demasiado aventurado preguntarse si cuando ocurre una actividad eléctrica en un átomo o si cuando se produce una alteración en la actividad eléctrica habitual de un átomo, algo dentro de ese átomo siente esa perturbación o no. El dolor o las distintas formas de sensaciones podrían estar íntimamente relacionadas con los tipos de perturbaciones en la actividad eléctrica de los átomos.

Todo esto no puede conducirnos sino a otros cuestionamientos: ¿Será posible que en alguna región del universo exista algo similar a un centro nervioso a donde van a parar todos los estímulos sensibles procedentes del resto del universo? ¿A partir de ese centro nervioso ocurrirían reacciones en todo el universo? En este punto podríamos preguntarnos si ese centro neurálgico al que todo estaría conectado y en interacción pudiera ser considerado como una especie de dios, en una comunicación material con todo el universo.

¿Tendrán algún sentido lógico los relatos bíblicos de la importancia de evitar ciertas sensaciones para procurar la salud del alma y para evitar un castigo divino? La respuesta es que no lo sabemos; pero en caso de que así fuera, el ser humano debería dejar de ser considerado en las religiones como mero producto u obra de Dios para convertirse en partícipe de los acontecimientos universales, pues sus comportamientos tendrían también efectos en el mundo material; hay corrientes de pensamiento antiguas que postulan que el ser humano no es propiamente una creación de un ser superior, sino una parte esencial del universo. Por lo tanto, el ser humano existiría porque debe existir y no solo porque alguien, de manera unilateral, así lo decidió. El ser humano sería como un pequeño dios con una tarea definida, en colaboración quizás con un dios mayor al cual posiblemente esté supeditado.

El ser humano moderno debe utilizar la razón y las técnicas que su larga historia filosófica y científica le brinda para mejorar sus ideas religiosas. Lo espiritual es algo que el ser humano necesita; de algún modo, está diseñado para tener experiencias religiosas que generan un efecto positivo en él. Sin embargo, la existencia de un sinfín de religiones y, sobre todo, sus contradicciones conducen a preguntarnos si será posible diseñar una religión basada en parámetros lógicos, es decir, con un contenido racionalmente válido y útil para mejorar la vida de las personas, que no solo sea un conjunto de postulados incomprensibles o sin lógica.

Si Dios existe, seguramente no solo escribió su mensaje en piedra, sino en nosotros mismos; de ser así, sería posible encontrar dicha información mediante la razón; si nosotros somos una parte de algo que puede ser considerado una especie de dios, podríamos encontrar información importante mediante la razón, o cuando menos mediante las mejores técnicas filosóficas.

A una religión basada en parámetros lógicos cuyo contenido tenga una explicación racional se le podría denominar *logoteología*, con el fin de diferenciar el término del de *teología*, de ese modo se intentaría indicar que se trata de una disciplina que pretende llegar a criterios teológicos, pero con base en la razón, y no propiamente en documentos fragmentarios que en muchos casos carecen de una secuencia lógica o incluso de sensatez.

Por otra parte, cabría verificar el tipo de efecto que puede producir en la persona el considerarse sometida a un poder superior; analizar si es algo positivo o negativo para las personas, pues, si se confirmara que para el ser humano es más positivo y benéfico considerarse a sí mismo como una parte esencial del universo y considerar que existe porque debe existir, se debería desechar la idea de que es mera creación de un ser superior; creación que, además, lejos de ser esencial, es completamente prescindible. Pareciera que el ser humano sería mejor si se considerase a sí mismo como algo importante dentro del concierto de acontecimientos universales que si se considerase como algo pecaminoso que permanentemente debe estar avergonzado de sus actos ante un ser omnipotente que le juzga a cada instante.

El tipo de efectos que cause en el ser humano cada idea de tipo religioso debería ir dando la solución sobre cuál concepto es el correcto y cuál no es el óptimo, pues seguramente la finalidad del ser humano no es la de estar vinculado a ideas que lo opriman o limiten, sino a aquellas que le permitan alcanzar experiencias que lo pongan en contacto con lo mejor de su ser. Esto quizás no podría ser considerado sino como una especie de religión experimental construida a partir de la experimentación y la razón, lo que daría como resultado un sistema teórico solido, verificable y, sobre todo útil para mejorar la vida de las personas, así como para conocernos mejor a nosotros mismos.

Probablemente una religión ideal postularía que el ser humano es un ser con capacidad de crear y de vivir de manera responsable sin sentirse sometido a algo superior, sino vinculado en una tarea trascendente, la cual podría ser la de la propia depuración de las sensaciones que experimenta, abandonar cierto tipo de sensaciones y emociones para producir y experimentar las más elevadas y las que proporcionan una estabilidad a un posible sistema de cosas incomprensible por ahora para el ser humano. Es claro que la sensación de sometimiento a un poder superior resta un sentido de responsabilidad en el hombre, y sea o no que exista un dios, lo cierto es que la sensación de sometimiento probablemente sería insana (salvo que pueda verificarse lo contrario).

Por el contrario, mucho más sano debería ser el sentirse un ser libre con la capacidad de hacer el bien y el mal; hacer el bien por decisión y no por estar condenado u obligado a ello. Los seres que se sienten pecadores y corrompidos suelen ser personas que poco o nada aportan a la sociedad, son regularmente egoístas y rencorosas con la gente exitosa; en cambio, las personas que se sienten dignas de existir y con la capacidad de crear suelen mostrar toda clase de virtudes incomprensibles para los seres pequeños (dominados por el egoísmo y otros vicios que no les permiten crecer como personas). Quien intuye algo divino en sí mismo emana divinidad; quien intuye pecaminosidad y corrupción emana eso.

Para volver al asunto que interesa ahora, cabe mencionar que no se puede pasar por alto el hecho de que en la actualidad contamos con imágenes del universo que nos muestran una increíble semejanza entre el cosmos y el cerebro humano; cada estrella parece estar vinculada con el resto en una especie de enjambre luminoso; en el caso del cerebro humano, el enjambre luminoso está conformado por neuronas; una vez que se ha llegado a estos extremos, la imaginación se dispara.

¿Será acaso posible que mediante los estados de ánimo o mediante la manipulación de nuestras sensaciones afectemos los acontecimientos de la vida, o incluso podamos desencadenar fenómenos climáticos o universales? Recordemos que, por ejemplo, los mayas y otras culturas se automutilaban para adquirir determinadas capacidades e incluso control de los elementos a su alrededor. ¿Será posible que, por medio del dolor físico o de la manipulación de las sensaciones se pueda canalizar cierto tipo de energía hacia algún fin determinado, considerando que toda materia es de hecho energía? Eso sería difícil de responder.

Sin embargo, en lo relativo a la aparición de la vida orgánica y a la evolución de esa vida, sería muy difícil explicarla sin tomar en cuenta la posibilidad de que, desde antes del surgimiento del primer ser sintiente, ya existían elementos capaces de sentir. Esto, debido a que la vida y el comportamiento de los seres sintientes no parece tener otro objeto que el de eliminar cierto tipo de sensaciones molestas. El cuerpo de los animales se modifica para que sus funciones le causen las menores incomodidades posibles; el pelo crece a los animales que viven en zonas frías para que no sufran por el frío; los animales de zonas calientes desarrollan mejores sistemas de refrigeración corporal o hábitos que les permiten resolver inconvenientes climáticos.

Consideramos que la materia inerte no siente, debido a que no observamos que reaccione de manera similar a los seres humanos; pero eso podría deberse simplemente al hecho de que no posee los órganos necesarios para reaccionar ante estímulos sintientes como el ser humano. Sin embargo, en su interior es posible observar que tiene la capacidad de reaccionar eléctricamente a un estímulo, solo que no grita o sale corriendo cuando esto ocurre. En ese caso, el origen de las especies no sería un mero suceso fortuito o rarísimo, sino una natural manifestación de las cualidades sensibles de toda materia.

Es mucho más sencillo creer que elementos fundamentales con capacidad de sentir se van estructurando poco a poco mediante esa capacidad para dar forma a estructuras sintientes cada vez más complejas a creer que los seres biológicos y sintientes surgieron a partir de elementos no sintientes por mera casualidad, pues en ese caso la capacidad de sentir que tienen los seres biológicos no tendría ningún sentido ni ninguna utilidad.

En realidad, la idea de que seres con órganos claramente diseñados para contrarrestar el dolor, sanar lesiones o eliminar el hambre surjan a partir de algo que no siente ni tiene ningún propósito es, por lo menos, demasiado extraña y sin lógica alguna.

Reflexión sobre el arte

Ningún tratado que verse sobre el ser humano puede permitirse omitir referirse al arte, que es quizás su más elevada expresión por no buscar este finalidades meramente utilitarias. El arte manifiesta una dimensión interna del ser humano, pues es el medio por el que se expresa su alma y se conecta con lo sublime.

Probablemente la expresión artística constituye la principal diferencia entre los seres humanos y el mundo animal, pues la capacidad tecnológica solamente amplía y perfecciona lo que ya hace cualquier animal, es decir, persigue fines utilitarios; pero el arte es algo distinto, es algo nuevo en el universo, es la manifestación de lo que parece ser más trascendente que el resto de las cosas de la creación. Pero todo eso que es el arte es lo más difícil de explicar, pues necesariamente debe experimentarse para comprenderse.

Debe tenerse presente que el arte es resultado de la interacción de gran variedad de factores, no solo entre el artista y un determinado conjunto de materiales, sino también entre los procesos de creación de los mismo, el de la preparación del artista y sus vivencias, el devenir histórico que tuvo que desarrollarse para generar las condiciones propicias para la realización de su obra, y el preciso para que los espectadores pudieran comprenderla, etcétera.

Además, debe recordarse que en el proceso creativo no solo el artista transforma sus materiales en algo nuevo, sino que él también se va transformando al crear y se convierte en algo nuevo, motivo por el cual puede afirmarse que el arte tiene una potencialidad extraordinaria, que es capaz incluso de transformar el mundo mismo.

Por lo anterior, es necesaria la existencia de una corriente artística comprometida con el potencial artístico, plenamente consciente de los mecanismos mediante los cuales se construye y se transforma la realidad, es decir, que considere el concepto de *interacción elemental* para que pueda maximizar los beneficios que el arte puede brindar a la humanidad.

Por tal motivo, me permito exponer una nueva manera de entender el arte y de generarlo; esta puede ser denominada *interaccionismo sensosintético.*

Breve manifiesto interaccionista sensosintético

El interaccionismo sensosintético como expresión artística tiene como finalidad expresar por diversos medios estéticos el contenido de la teoría sensosintética, pues se considera que si mediante el arte se expresa la interactividad de la realidad, se potenciarán los alcances del arte, pues la representación de una realidad estática es una imagen falsa de la realidad, y en esa estaticidad se diluye toda la riqueza y la potencialidad de lo real. Un arte verdadero no solo debe perseguir captar las cualidades verdaderas de la realidad, sino también fluir como fluye la realidad misma, es decir, interactuando y transformándose con su entorno; solo de ese modo se consigue un arte vivo, real, digno de existir.

En cuanto a las características de las obras consideradas como parte de esta corriente se encuentran las siguientes:

Las obras se presentan de manera fragmentaria, es decir, como divididas en múltiples partes independientes que, sin embargo, interactúan, y es posible detectar una vinculación entre tales elementos; pudiendo incluso producirse transformaciones periódicas en tales elementos como resultado de su interacción, por lo que en esta forma de arte será muy frecuente la participación directa del artista como parte de las exposiciones.

En pintura, por ejemplo, un cielo ya no es una única cosa, sino múltiples partes o fragmentos que conforman el cielo. La segmentación de las partes de la obra se logra de diversos modos, ya sea aislando en el lienzo porciones de color mediante color negro, lográndose así que pequeñas zonas de color parezcan emanar de una superficie oscura, lo que da como resultado una sensación de musicalidad cromática, pues las porciones de color, al estar bordeadas por segmentos en color negro, parecieran brillar con intensidad en múltiples tonalidades, consiguiéndose que cada pequeña parte de la obra adquiera una belleza propia, incluso independiente del resto de elementos con los que está interactuando.

En ocasiones, las obras de este tipo parecieran estar conformadas por pequeñas y variadas luces titilantes multicolores que llenan de color la obra y hacen vibrar al espectador; en otras ocasiones parecieran estar formadas por piedrecillas de colores fulgurantes de innumerables tonos que capturan la vista del observador, que puede perderse en la contemplación de cada una de esas pequeñas y hermosas gemas, olvidándose momentáneamente incluso de la obra en su conjunto; esto, desde luego, le brinda una experiencia más rica.

Esta corriente artística a la que se ha denominado *interaccionismo sensosintético* pretende que cada porción o fragmento de la obra sea en sí misma bella y significativa, pues cada parte es única e irrepetible y tiene una tonalidad y una forma particular; en algunos casos, incluso con un significado propio. Esto es así porque la realidad misma está constituida de esta forma; no hay un cielo, sino múltiples factores que en conjunto conforman un cielo; y cada uno de esos elementos es importante y bello en sí mismo. Incluso la historia del ser humano no es una sola cosa, sino la interacción de muchos individuos que de igual forma son únicos e irrepetibles.

Las obras pictóricas dentro de esta corriente ya no tienen que ser cuadradas, pueden tener cualquier forma, sobre todo si esto sirve al contenido. Una obra pictórica ya no tendrá que ser una sola obra: podrá tratarse de varias obras independientes y separadas materialmente, pero que compartan una vinculación y estén en interacción. Incluso una obra dentro de esta corriente artística puede estar integrada por géneros artísticos diversos, tener finalidades diferentes en cuanto a los efectos que pretenden producir al entrar en interacción con otros elementos, etcétera, pues, en virtud de que se trata de una forma de arte basada en una teoría tan amplia como la teoría sensosintética, sus posibilidades son ilimitadas.

Estéticamente, lo que se busca mediante esta expresión artística es producir en el espectador una experiencia nueva, una en la que las formas tengan mucho más juego y las tonalidades sean más ricas que el arte convencional; se pretende también resaltar la belleza de los colores: ahora el espectador no está frente a un cielo, sino frente a muchos elementos con tonalidades y formas propias que forman el cielo, que en este caso funcionaría como un pretexto para plasmar múltiples formas bellas en sí mismas.

En relación con el arte sonoro, esta corriente se manifiesta sobre todo aminorando al máximo el amontonamiento de sonidos, consiguiéndose con ello que cada parte de la obra sea percibida de mejor manera. Se busca de este modo que cada parte de la obra brille lo más posible y que pueda expresar su belleza esencial, belleza que debe ser independiente del resto de los elementos de la obra.

Tratándose de la declamación de un poema, cada frase o concepto deberá expresar su propia belleza, por lo que deberá tomarse el tiempo necesario para su ejecución. En este caso, lo que se busca es resaltar la belleza de las ideas y de las palabras, hacer que el espectador disfrute cada parte de la obra sin necesidad de que termine la ejecución para que se produzca el disfrute.

Se trata de un arte sobre todo reflexivo que busca oponerse al bullicio cotidiano y servir de medio para que las personas se conecten con la obra de una manera plena, derrumbando los parámetros convencionales del tiempo musical, por lo que pudiera definirse como una expresión sonora atemporal, y en ocasiones incluso etérea. Las canciones pueden presentarse sin música de acompañamiento, cada frase irá bordeada de un silencio sin compromisos con el tiempo o el ritmo; la extensión de la obra puede ser corta o muy larga: el tiempo ya no importa, solo importa vivir la obra mientras esta dure.

Nota final

El contenido de la presente obra tiene como finalidad principal exponer los aspectos básicos de este nuevo enfoque sociológico, denominado *enfoque sensosintético*; no se trata de agotar todos los pormenores relativos al mismo, pues ello deberá corresponder a sucesivas exposiciones.

En cuanto a la parte denominada *especulativa*, se pide al lector que tome con reservas lo expuesto ahí; no forma parte de la teoría sensosintética ningún planteamiento vertido en este apartado, únicamente se intentó exponer algunas ideas a modo de comentario, así como proporcionar material para la reflexión. Posiblemente en otro momento se retomen estas reflexiones o ideas de un modo más científico y con mayor detenimiento.

De igual manera, aunque lo relativo al manifiesto interaccionista sensosintético no forma parte del enfoque sensosintético ni de la teoría sensosintética en general, se decidió incluirlo con el fin de ilustrar, mediante las obras presentadas en el apéndice gráfico de este libro, una dimensión del ser humano que es difícil abordar mediante parámetros científicos, pero que forman parte también de lo que somos como seres humanos. Agradezco la atención prestada a la presente obra y espero que de alguna manera sea un medio útil para que el lector pueda encontrar algunas de las respuestas que busca.

Apéndice gráfico

1

2

3

4

7

5

8

6

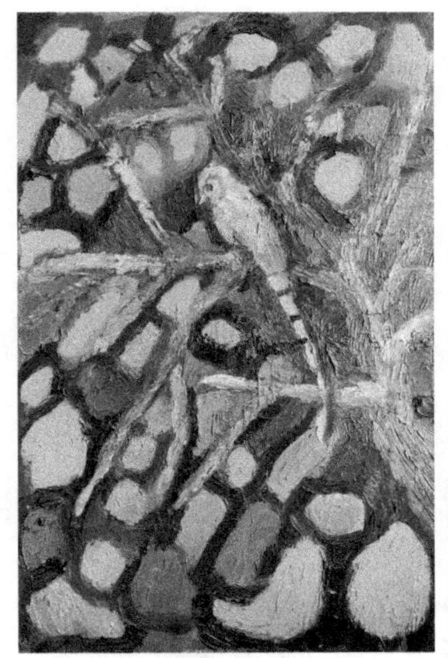

9

10

11

12 

 13

14

15

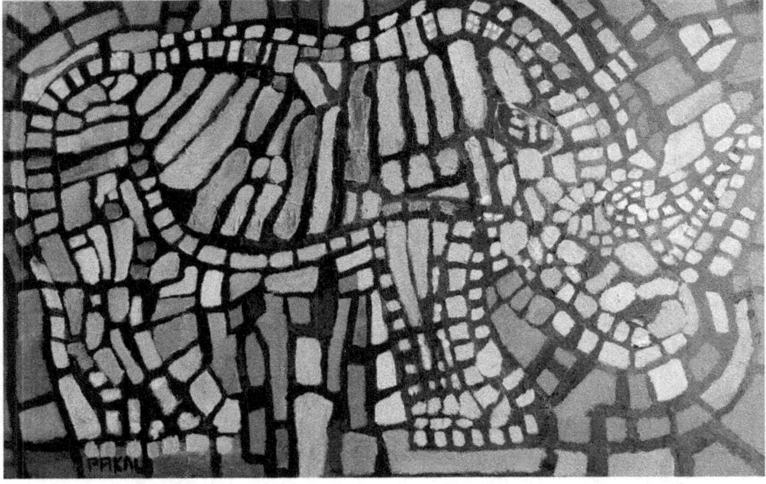

16

17

19

18

20

21

22

23

24

25

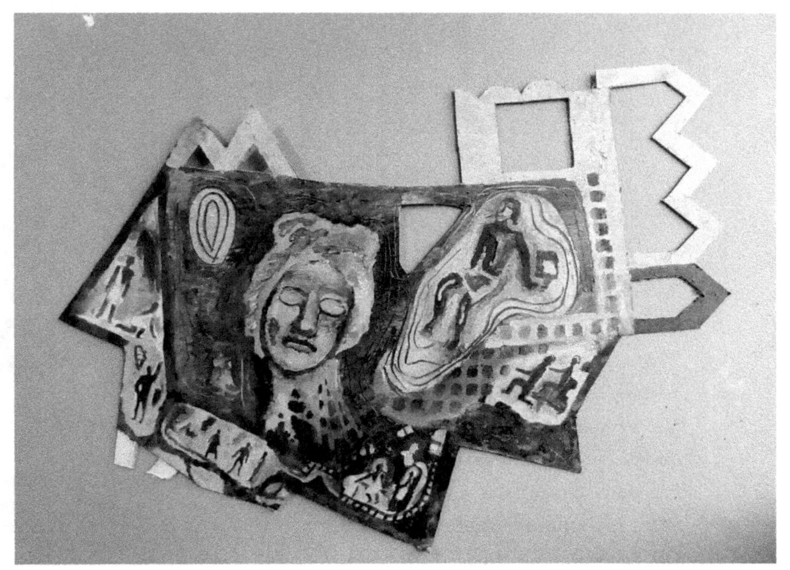

26

27

1. *Lo sublime*, óleo/papel, 100x75 cm
2. *Rey Mono*, óleo/tela, 100x65 cm
3. *Zona de guerra*, óleo/tela, 84x110 cm
4. *Niña con perros y unicornios*, óleo/tela, 90x90 cm
5. *Tanques sobre Berlín*, óleo/tela, 90x90 cm
6. *Tributo a la ciudad de Nueva York*, óleo/tela, 90x90 cm
7. *Justicia en propia mano*, óleo/tela, 100x60 cm
8. *Pingüinos*, óleo/tela, 80x70 cm
9. *El ave de los sueños*, óleo/tela, 100x65 cm
10. Día de campo, óleo/tela, 100x65 cm
11. *Diosa Madre Jaguar, portadora del conocimiento (mitología ficticia)*, óleo/tela, 100x65 cm
12. *Dimensión sónica*, óleo/tela, 100x76 cm
13. *Paisaje campestre*, óleo/tela, 80x60 cm
14. *Jaguar*, óleo/tela, 100x60 cm
15. *El espíritu humano*, óleo/tela, 65x100 cm
16. *Rinoceronte*, óleo/tela, 65x100 cm
17. *La Malinche*, óleo/tela, 100x65 cm
18. *Mortalidad*, óleo/tela, 100x60 cm
19. *Divina conexión*, óleo/tela, 100x60 cm
20. *Tiro de gracia*, óleo/tela, 100x84 cm
21. *Jesús, ven a nosotros*, óleo/tela, 80x50 cm
22. *La danza de los astros en los confines de la cordura*, óleo/tela, 100x60 cm
23. *Un tal Pedro*, óleo/tela, 100x65 cm
24. *Pájaro azul baja cielo rojo*, óleo/tela, 100x65 cm
25. *Diosa Venus*, óleo/tela, 100x65 cm
26. *Poliformus, la estructura de lo real*, óleo/tela, 90x100 cm aproximadamente (dimensiones múltiples)
27. *La humanidad y la fragmentación del marco*, mural interaccionista, óleo/tela, 300x300 cm aproximadamente (dimensiones variables)

SENSOSÍNTESIS
Un nuevo enfoque sociológico
Luis Enrique Navarro Zúñiga
Primera edición, Zacatecas 2021
ISBN: 978-607-8710-55-3

Dirección editorial
Judith Navarro Salazar
Coordinación editorial
Anitey Ávila Cuéllar
Corrección de estilo
Jorge Rubén Sánchez Casas
Revisión de control
Karla Susana Maciel García
Keilany N. García Mendoza
Maquetación
Ana Patricia Reyes Fernández
Diseño de forros
Dalia de la Torre Jiménez
Alfredo Uriel Sáenz Bojórquez
Imagen de forros
Adobe Stock
Logística y difusión
Óscar Jorge Neri Martín del Campo
Alfredo Uriel Sáenz Bojórquez

Texere Editores SA de CV
Genaro Codina 748
Centro Histórico
Zacatecas, Zacatecas
www.texere.com.mx

www.ingramcontent.com/pod-product-compliance
Lightning Source LLC
LaVergne TN
LVHW012113160826
845678LV00014B/3081

* 9 7 8 6 0 7 8 7 1 0 5 5 3 *